U0683012

College brand construction
and public relations communication

>>>　丁蕾　成浩◎著

高校品牌构建

与公共关系传播

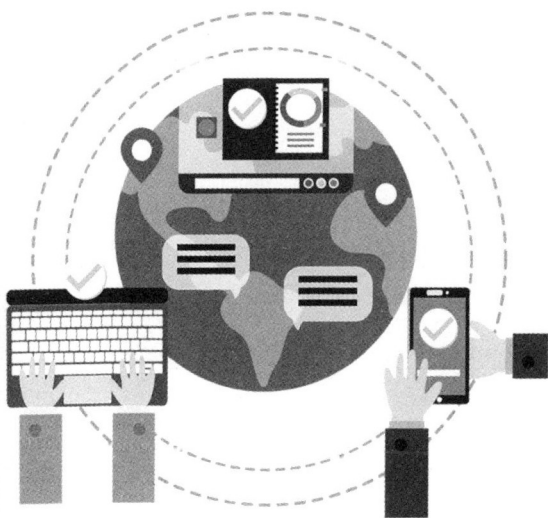

中国原子能出版社
China Atomic Energy Press

图书在版编目（ＣＩＰ）数据

高校品牌构建与公共关系传播 / 丁蕾, 成浩著. -- 北京：
中国原子能出版社, 2019.11（2021.9 重印）
ISBN 978-7-5221-0259-7

Ⅰ.①高… Ⅱ.①丁… ②成… Ⅲ.①高等学校—学
校管理—研究②高等学校—公共关系学—传播学—研究
Ⅳ.①G647②C912.3③G206

中国版本图书馆 CIP 数据核字(2019)第 272086 号

高校品牌构建与公共关系传播

出　　版　中国原子能出版社(北京市海淀区阜成路43号 100048)
责任编辑　蒋焱兰（邮箱:ylj44@126.com QQ:419148731）
特约编辑　蒋　睿　马丽杰
印　　刷　三河市南阳印刷有限公司
经　　销　全国新华书店
开　　本　880mm×1230mm　1/32
印　　张　7.25
字　　数　160千字
版　　次　2019年11月第1版　　　　2021年9月第2次印刷
书　　号　ISBN 978-7-5221-0259-7
定　　价　48.00元

出版社网址:http://www.aep.com.cn　E-mail:atomep123@126.com
发行电话:010-68452845　　　　版权所有 侵权必究

前　言

　　改革开放以来，已经盛行百年的公共关系学在被引入中国的土地之后焕发了新的生机。现在，不仅是政府、企业重视公共关系，经过社会的广泛推广之后，其在各个领域都有了广阔的发展空间，在高校中也不例外。国际公共关系组织曾表达过这样的看法，"中国公共关系的发展是全球公关行业最伟大①的进步与变革。"中国公共关系的发展，其速度和效果都是显而易见的。

　　公共关系传播包括的内容比单纯地借助传播媒介进行的宣传活动更广泛。结合高校来说，主要有以下特点：首先，公共关系传播的形式和内容在持续扩展、加深，种类也在变多。尤其高校又是一个文化层次高、容易受新兴技术影响的地方，基于移动互联网的传播自然成为高校公关传播和品牌宣传的重要手段；其次，公关传播越来越走向规范化、专业化、系统化、整体化。高校中的公共关系组织也变得更职业化了。

　　基于这些特点，我们可以将公共关系传播看作高校塑造品

---

①公共关系：由英文"Public Relations"翻译而来的，中文可译为"公共关系"或"公众关系"，简称公关。

牌形象、扩大品牌影响力的最佳途径，因此任何高校想要构建自己的品牌，公关传播是必由之路。

从公共关系传播的功能角度来看，搜集信息是第一位的。信息对高校来说是重要的品牌构建的资源，也是高校品牌构建的重要影响因素，它在一定程度上甚至可以说决定着高校品牌形象的塑造效果和过程。经济转型期的社会，我们原本熟知的环境中的因素都在随时发生变化。因而，掌握丰富的环境信息对高校品牌的构建和传播是相当重要的。这个信息既包括具体的工作信息，也包括所处的社会信息。

除了搜集信息，处理危机也是公共关系传播的重要功能。高校在开展教学活动和品牌推广的过程中也是有可能陷入危机的，尤其新兴传播媒介的涌现、兴起，传播渠道更加广泛，传播速度也非昔日可比，公众舆论的作用比以往任何时期都更大，高校公关危机的影响力也自然变大了，高校品牌形象的塑造也会因此受到影响。因此，运用公共关系传播的方式来化解危机是非常有必要的。

目　录

第一章　绪　　论

第一节　课题选题背景

现如今"品牌"这个词已经渗透到人们现实生活的各个领域。品牌已不仅是一种产品的代名词，它更成为一种时尚元素与发展趋势，成为人们的一种消费倾向，品牌对消费者的行为具有导向作用。

基于品牌对企业发展的重大推动作用，国内外学者开始将"品牌"这一名词引入教育领域，研究探讨品牌对学校发展的重要作用。世界品牌实验室曾经编制过"世界最具影响力的品牌"，哈佛大学、麻省理工学院、牛津大学和剑桥大学等学校都赫然在列，这在当时绝对是爆炸性的消息，更是激发了一些专家学者对学校品牌的研究热情。

一、高校品牌

从高校本身来看，随着中国社会市场化进程的不断加深，品牌从走入人们生活发展到深刻影响人们的消费选择。从产品的品牌到企业的品牌，再到城市品牌研究，品牌作为一种无形资产带来了经济效益和品牌竞争力。教育集团需要品牌已经在市场上得到了多方的验证,一些国家借助其整体教育的品牌力量,把留学做成了经济增长的新的推送点。中国经济的发展、市场的开放、国人的全球化意识增长有目共睹,高等教育已经由精英教育走向了大众化教育阶段。中国高校面对的是一场没有国界、没有终结的品牌竞争,有意识地进行品牌建设、品牌传播将是高校的创新与动力所在。作为非盈利机构的高校,尤其是中国的高校,品牌化道路刻不容缓,高校追求的品牌价值不是带来经济效益,而是创造无形资产与品牌竞争力,从而实现其社会效益与品牌共识的双赢[①]。

从国际上看,国家间的竞争是软实力和硬实力组成的综合实力的竞争。"科教兴国"战略下的高校在对我国综合国力的提升做出无与伦比贡献的同时,自身也扮演着软实力的重要组成部分。然而值得一提的是,软实力不仅要求高校有创造科技文化的能力,也要有传播本国科技和文化的能力。因此,这就要求我们国家在打造高校实力的同时,更需要具备传播品牌的能力,打造出属于中国自己的高校品牌。良好的高校品牌运作和传播,最终会反映为相应的国家科学水平、教育水平和文化水平的提升,从而展示和传播中国的软实力。

二、公共关系传播

目前中国的高校数量比较多,运营模式也比较多,高校的品牌诉求各异、品牌梯次也不同,本书选取公共关系传播作为切入点,主要是为了和广告、市场营销这类需要大量财力支持的行为进行区别。高校在信息量不断增加的知识经济时代、

---

① 张宗伟. 地方高校品牌的创建研究[M]. 南昌:江西人民出版社,2014.

信息爆炸时代,学会运用公共关系传播策略在传统媒体和自媒体平台与组织、个人建立良好的互动是高校品牌传播应当具备的技巧和能力。而在做好品牌建设、打造品牌竞争力的同时,打造好高校品牌的公共关系传播体系,对高校的发展将起到积极的作用。

以此角度进行研究,首先,通过对国内一些典型的高校品牌形象塑造的例子进行分析,总结出个性之上的共性,在总结基础上的经验更有助于我们国家的高校优化其品牌构建的渠道和方式以及为其将来的品牌传播内容选择最合适的公共关系传播策略,从而使高校品牌不仅拥有最实在的品牌核心竞争力,也有最强大的传播效果;其次,公共关系传播的讨论多用于企业组织中,高校因其受众的不明确以及其"非盈利"的组织特性所以对公共关系传播的讨论不多,即便运用也多是较为传统的方式。作为创造知识、培养人才的高等学府,理应在理念和实践上都走在社会前沿,因此通过对基于公共关系传播的高校品牌形象管理方式进行探讨,可以让更多的人感受到高校品牌的价值和公关的魅力,对品牌和公关学科的发展都有积极的意义。

第二节　选题意义

本书从公共关系学、传播学、市场营销学、教育学等多个学科角度探讨了基于公共关系传播背景下的高校品牌构建的理论基础,为高校在进行品牌构建的过程中提供了多学科的理论支持和一定的理论指导。本书分析了高校品牌的内涵，分析了品牌构建、公共关系传播与高校形象塑造的关联性，指出了高校为什么要基于公共关系来构建品牌，指出了高校在进行品牌构建时候的各种环境因素以及难点，从而为高校在品牌构建时分析自身的优势、劣势、机遇与挑战提供了一定的理论指导。同时，本书还对公共关系传播的主客体进行了分析，指出了公共关系传播的现状、策略与效果，为高校结合公共关系来进行品牌构建提供了一定理论支持①。

本书先从理论角度提出了高校品牌构建的策略，并且从品牌校园、品牌师资、品牌人才、品牌制度保障等诸多方面分别进行了阐释，让高校对品牌构建策略有了较为系统的认识。然后，本书还从全国选取了四组有代表性的高校品牌形象管理的例子，通过对具体案例的分析，进一步佐证了理论策略的正确性，同时也抛出了一些新的值得各个高校在品牌构建中认真思考的问题，需要各个高校结合自身的品牌构建现在加以解读和解决。

当今网络平台信息量大，尤其是各种新兴媒体的出现对任何社会组织来说都是挑战，却也孕育着新的机遇，对高校自然也是如此。公共关系的传播方式也是与时俱进的，高校运用各种新兴平台和渠道进行品牌构建和宣传已经形成不可逆转的趋势。在科技飞速发展的今天，高校应该采用怎样一些新的策略去进行品牌构建和公共关系传播以及规避可能产生的风险，也是本书研究的价值所在。

---

① 夏玮. 构建高校校园文化品牌的路径探究[J]. 教书育人（高教论坛），2019(21):16-17.

第三节 研究方法

本书的主要研究思路如下:首先,阐述了品牌、高校品牌、高校公共关系等概念的理论知识以及公共关系传播在品牌构建中的重要性,将高校品牌建构和公共关系传播统筹在高校形象中,探讨了高校形象建设的主要影响因素;其次,详细分析了高校品牌构建的环境因素、存在的问题及归因,从校园、师资、人才、制度保障等多个方面提出了高校品牌构建的策略;再次,对公共关系传播的主客体及媒介进行了分析,探究了公共关系传播的现状、策略与效果;最后,从全国各个高校中选取了四所高校作为代表,通过分析他们的品牌形象塑造、推广过程,提出建设性的意见[①]。

一、研究方法

(一)文献调查法

本书从研究的课题——高校品牌构建与公共关系传播出发,搜集与此相关的文献资料,总结成具有深刻意义和历史成果的理论并进行整合分析,在此基础上进行深层次的研究。以文献综述的形式对高校品牌的理论基础、品牌构建与公共关系传播的重要性、高校形象及其构成要素、高校品牌构建的环境因素等进行系统的归纳,为接下去的应用分析奠定坚实的理论基础。

---

① 孙亚男. 调查研究常用九大方法[J]. 新湘评论,2016(02):31-32.

(二)案例分析法

通过对于研究课题相关的个别案例进行深度分析得出该研究的一般性结论的研究方法。将抽象的理论知识与具体的社会实践相结合,从而得出新的观点。比如本书的第八章就是分四节,通过对四组高校的品牌形象管理的例子进行分析,在总结的基础上得出相关的结论。

二、研究创新点

关于品牌、品牌形象、高校品牌、高校形象甚至高校品牌塑造、经营的研究已经有一定规模了,但是将公共关系传播与高校品牌构建相结合的,还是比较新颖的角度。

以往的研究中,通常会以一个案例为基准进行分析,本书则是用了一章的内容,选取了四组重点不同的高校品牌形象管理案例作为参考进行分析,这会让得出的结论更具有普遍性和代表性。

第二章　概念的内涵解读

第一节　品牌与高校品牌

"品牌"的英文原意是"灼伤",早期的人们利用这样方法标记家畜,从家畜的标志又发展到产品的标志。到18世纪中期,许多国家已经开始认识到品牌对生产者和消费者的价值,并正规系统地运作品牌。他们制定了商标法,并且允许品牌所有者全力保护其品牌。到了现代社会,品牌的含义和功能得到了巨大的发展和变化,品牌已经渗透到各行各业,人们的生活中越来越离不开品牌。

一、品牌

(一)品牌概述

在经济领域,品牌包含三层含义,从其法律意义上说它是一种商标,强调的是商标注册情况,使用权、所有权等;从经济或市场意义上说是一块牌子,注重的是商品的质量、性能,满足、效用的程度以及品牌所代表的商品的市场定位、文化内涵、消费者对品牌的认知程度等;从文化或心理的意义上说它是一种品位与格调,概括起来说,品牌是一种视觉的、感性的和文化的形象,它是承诺,是信誉,其实质是一种无形资产,它蕴含着巨大的财富。

品牌不仅仅是代表一种视觉的、感性的和文化的形象,它是承诺,是信誉,是一个组织的文化核心,其实质是一个组织有形资产和无形资产良性循环所形成的第三态资产,从某种意义上讲,品牌是一个组织、一个人或一种象征[①]。

如果把品牌当作一个组织,则强调它与职工、文化、项目和价值观念上的联系,这种建立在组织联系基础上的品牌概念最具有亲和力,它是竞争对手最难以仿效的。如果把品牌看作一个人,其品牌个性可以使之更生动有趣,更令人难忘,甚至可以变成一种表达身份的手段。如果把品牌当作一种象征,则能够为品牌识别提供凝聚力和结构体,使得品牌易认易记。

世界著名战略研究权威,美国加拿大学教授戴维·阿卡在其出版的《创造强大有力的品牌》一书中指出,"品牌是竞争优势的主要源泉和富有价值的战略财富"。品牌在现代经济社会的激烈竞争中已成为重要的武器,要想形成、应用品牌战略,首先要了解品牌的特征,能够认识品牌、分析品牌,才有可能打造好品牌,发展好品牌。

(二)品牌形象理论

人的形象,反映的是在别人的眼里,你是一个什么样的人。品牌形象,则是指人们如何看待这个品牌,它所反映的是一个品牌当前给予人的感觉。产品、包装、价格、购买方便性、

---

①谭新政,朱则荣,杨谨萱.品牌总论[M].北京:知识产权出版社,2017.

广告、促销、公关活动等,反映在消费者眼中的就是品牌的形象。品牌形象完全是从消费者的角度来看品牌,它的决定权在消费者的手中,而不是企业的手中。

就像我们提到雅芳、资生堂、劳力士、喜来登等品牌,头脑中所想到的不仅是它们所代表的产品类别,更是联想到一系列与品牌有关的特征以及它所代表的意义。这些想象一旦进入消费者脑海,便难以磨灭,当消费者觉得同类产品本身之间的差距并不大时,这种不同品牌给人们的不同想象,最终促成了消费者的购买决策。品牌形象提供给人的是超越于产品本身的附加价值。

1.品牌形象的代表性定义

人们对品牌形象的认识刚开始是基本着眼于影响品牌形象的各种因素上,如品牌属性、名称、包装、价格、声誉等。

利维认为,品牌形象是存在于人们心理的关于品牌的各要素的图像及概念的集合体,主要是品牌知识及人们对品牌的主要态度。Levy对品牌形象的定义从心理学的角度进行了分析。罗诺兹和刚特曼从品牌策略的角度提出,"品牌形象是在竞争中的一种产品或服务差异化含义联想的集合。"他们还列举了品牌形象操作的策略性途径:产品认知、情感或印象,信任度、态度、形象个性等。斯兹提出,品牌应像人一样具有个性形象,这个个性形象不是单独由品牌产品的实质性内容确定的,还应该包括其他一些内容,至此,对品牌形象的认识进入品牌的个性层次。帕克等人提出,"品牌形象产生于营销者对品牌管理的理念中,品牌形象是一种品牌管理的方法"。他们认为任何产品或服务,在理论上,都可以用功能的、符号的或经验的要素来表达形象。亚克在1991年又把品牌形象与品牌的资产与负债联系起来,他认为通过符号,名称可以附加或减除。

品牌形象是一个综合性的概念,是营销活动渴望建立的,受感知主体主观感受及感知方式、感知情景等影响,而在心理上形成的一个联想性的集合体。品牌形象是一种资产,品牌形象应具有独特个性。

2.品牌形象的构成内容

良好的品牌形象是企业在市场竞争中的有力武器,深深地吸引着消费者。品牌形象内容主要由两方面构成:一方面是有形的内容;另一方面是无形的内容。

品牌形象的有形内容又称为"品牌的功能性",即与品牌产品或服务相联系的特征。从消费和用户角度讲,"品牌的功能性"就是品牌产品或服务能满足其功能性需求的能力。例如,洗衣机具有减轻家庭负担的能力;照相机具有留住人们美好的瞬间的能力等。品牌形象的这一有形内容是最基本的,是生成形象的基础。

品牌形象的有形内容把产品或服务提供给消费者的功能性满足与品牌形象紧紧联系起来,使人们一接触品牌,便可以马上将其功能性特征与品牌形象有机结合起来,形成感性的认识。

品牌形象的无形内容主要代表品牌的独特魅力,是营销者赋予品牌的,并为消费者所感知,接受的个性特征。随着社会经济的发展,人们的消费水平、消费需求也不断提高,人们对商品的要求不仅包括了商品本身的功能等有形表现,也把要求转向商品带来的无形感受和精神寄托。在这里品牌形象的无形内容主要反映了人们的情感,显示了人们的身份、地位、心理等个性化要求。

3.品牌形象的驱动要素

引起品牌形象树立的最重要因素是人们对品牌的联想,或者说一提到品牌名消费者便会想到一些东西。这种联想使品牌形象与众多事物联系起来,驱动形象的建立与发展。

(1)产品或服务自身的形象:产品或服务的功能性本身是构成品牌形象的内容基础,产品或服务的形象从硬性表现形象讲要有价格、速度、功能、耐用性、舒适性、应用等;从软性表现讲可能是青春感、高雅、体面、珍爱、豪放、魅力等。

(2)产品或服务提供者的形象:产品或服务提供者的形象也是驱动品牌形象的重要因素。"严师出高徒""将门出虎子",人们常依这种观念去评价品牌形象。提供者的形象硬性的指标有科技能力、企业规模、资产状况、服务状况、人员素质等。在品牌形象的树立过程中,营销者常利用已有的企业自身的形象。

(3)使用者的形象:"使用者"主要是指产品或服务的消费群体,通过使用者的形象,反映品牌形象。使用者形象是驱动品牌形象的重要因素,其硬性指标有使用者年龄、职业、收入、受教育程度等;软性指标有生活形态、个性、气质、社会地位等。品牌形象与使用者形象的结合有两种情况:一种情况是通过"真实自我形象"来实现,即通过使用者内心对自我的认识来实现联想;另一种情况是通过"理想自我形象"来联结,即通过使用者对自己的期望及期望的形象状态来实现。这两种情况从心理学的角度讲,往往是借助了人们对自己的评判,认为自己从属于一个群体或希望从属于一个群体就应该有这样那样的行为。

4.品牌形象评判

品牌形象可以用量化的方法来考察。常用以度量品牌形象力的指标有两点:一是品牌知名度。二是品牌美誉度。另外,品牌形象还应包括品牌忠诚度、品牌追随度及品牌联想度。

(1)品牌知名度:品牌知名度是品牌被公众知晓的程度,是评价品牌形象的量化指标。考察知名度可以从三个不同角度进行,即公众知名度、行业知名度、目标受众知名度。所谓品牌的公众知名度,是品牌在整个社会公众中的知晓率或影响力。所谓行业知名度,是品牌在相关行业的知晓率或影响力。所谓目标受众知名度,是品牌在目标顾客中的知晓率或影响力。

(2)品牌美誉度:品牌美誉度是指品牌获得公众信任、支持和赞许的程度。对美誉度的考察也可从公众美誉度、行业美誉度、目标受众美誉度三个方面研究。品牌美誉度反映出品牌对社会影响的好坏。

(3)品牌忠诚度:品牌忠诚度主要指公众对品牌产品使用的选择程度。

(4)品牌追随度:品牌追随度主要代表品牌使用者能否跟随品牌变迁或延伸而追随品牌,其实也是忠诚度的一种表现形式,也有人认为是比品牌忠诚度更进一步的要求。

(5)品牌联想度:品牌联想度是指提到某一品牌而会产生

的一系列联想和印象,从而深化品牌在人们心中的印象。例如,人们提到海尔就会联想到空调、海尔兄弟、星级服务、品质、真诚等。

品牌形象的评判常采用市场调研的方法实现,在实际工作中可根据需要,选择几个指标进行综合评价。

二、高校品牌

(一)高校品牌的概念

随着社会的转型和教育市场的不断细化,社会、学生和家长以及用人单位,通常很难考察一所学校的各个方面,他们只能用一个单一的指标——品牌来衡量一所学校的水平。

将品牌的理念渗透到教育领域,出现了教育品牌的概念。从定义上来说,教育品牌可以分为狭义和广义两种概念:从狭义的角度来看,教育品牌是指学校的外部标志(包括学校的名称、校徽、校标等);从广义的角度来看,教育品牌是指学校的名称、标志和为教育消费者提供教育服务,培养教育消费者的各要素(包括教学、科研、管理、服务、师资、质量、专业、校园文化、教学设施等要素)的总和,是外延和内涵的统一。我们还可以根据国际公认的市场营销中品牌的具体含义把教育品牌延伸为:①利益——教育主体(学校)通过产品(高等教育服务)给教育的服务对象(学生)带来知识和能力上的收益。②个性——和人类一样,教育品牌应传达出差异化的个性。③属性——表达出教育产品的专业化属性。④价值——体现教育主体(学校)的某种价值感。⑤文化——教育品牌所附加或象征的文化。⑥使用者——体现了教育产业的最终产品,即科学技术和人才的那种消费者。教育品牌的目的是给教育者和被教育者一个精湛、瞩目的识别标志,从内容上是教育主体及其教育产品的名称、声誉、历史及大众对其认识和感知的总和,从形式上是教育产品区别于其他竞争者产品及其服务的特定的总称。

高校品牌是教育品牌的子概念,它具有教育品牌的一切功能、特征和作用。高校品牌是指一所大学在创建和发展过程中逐步积淀下来凝结在一所大学名称中的跨越时间和空间的社会认可程度,是大学精神的集中体现。社会认可程度越高,它的社会声誉就越好,社会地位也就越高,因而其品牌也就越有名气,进而形成所谓的名牌大学。

高校品牌可以从多重角度来解析:从广义的角度看,它是指高校的名称、标志和为教育消费者提供教育服务、培养教育消费者的各要素的总和;从狭义的角度看,它是享有盛名的学科、专业、大师、学生等;从文化学角度来看,它是视觉的、感性的和文化的现象,是一个组织的信誉;从传播学角度来看,它是学校的品位、品格和品质,是高校的一种独特性标志;从载体上看,主要是大学校长、大学师生(校友)、大学学术和大学校园;从内容上看,它是指校方和学生的名称、声誉和历史及社会大众对其认识与感觉的综合;从形式上看,它是指校方产品区别其竞争者产品和服务的特定的总称;从教育主体来看,它是校方提供并为培养对象所接受的教育服务的概括性、抽象性表达,是高校自己的形象标签;从教育的客体来看,它是消费者对所接受教育的体验和感受;从资产上看,它的价值主要为社会效益,并非经济效益。

高校品牌可以从知名度、美誉度、忠诚度三个维度来进行评价。所谓知名度就是一所大学被公众知晓的程度,是高校品牌在人们头脑中的响应程度,响应程度越强,其知名度就越高,知名度反映了一所大学的影响力。美誉度反映了一所大学在公众心目中的坐标位置,高校的美誉度来源于高校的办学水平,包括学科建设、教学质量、科研水平等,美誉度反映了一所大学的渗透力。忠诚度是指政府、企事业单位、社会公众,尤其是家长、学生对大学的选择程度,一般表现为信任和追随。大学品牌的知名度、美誉度、忠诚度是社会公众对大学认识反复强化的结果,是一个长期积累的过程。知名度、美誉度、忠诚度既体现了大学品牌的特点,也体现了大学品牌的价值和功能。

(二)高校品牌的特征

高校品牌与一般的企业品牌之间存在着明显不同的特征,主要体现在以下几点。

1.品牌的层次性

高校品牌可分为三个层次:一是学生品牌,主要是指通过高素质的学生来获得社会的认可。二是专业或学科品牌,主要是指社会对某个专业或学科品牌的学生素质的认可上升到对某个专业或学科的信任,形成了某个专业学科的品牌。三是学校品牌,是指在学生品牌、专业品牌发展到一定规模并成为学校的形象代表,社会或用人单位对学生的认可已上升到对学校的信任,这时学校的声誉便具有明显的品牌特征,形成品牌。而企业品牌是通过企业生产的产品及其提供的服务展现出来的。因此,对高校的消费者而言,关注的是学校品牌,而对企业的消费者而言,更多关注的是产品和服务本身。

2.目标的公益性

品牌作为一个经济学的概念,它主要是研究经济主体如何动用智谋争取自身利益,所以,企业虽然也有多种目标,但追求利润的最大化无疑是它的主要目标。高校是基础性、公益性的机构,它面对的公众除了消费者(学生、家长)外,还有政府和社会,比企业要复杂得多。高校品牌追求的目标是多元的,高校不存在明显的利润指标,是为了实现公共利益和完成高校在社会发展中所承担的历史使命。

3.产品的无形性

品牌虽是无形资产,不具有独立实体,但品牌是通过有形的物质载体表现出来的。企业品牌主要是通过有形的产品使之有形化,产品的质量、产品的服务、知名度、美誉度和市场占有率是企业品牌的核心。大学的使命是传承已知、探求未知、创造新知、服务社会,它不生产有形的实物,生产的是无形的知识,高校品牌需要通过学科专业、教学质量、学生和毕业生质量、科研成果等来实现,这些载体水平和实现程度越高,社会认可度就越高,学校的品牌效应就越强,从而,品牌的价值就越大。因此,学术自由和独立、以学生为中心的营销观以及服务社会的服务观构成了大学品牌的内核。

4.品质的文化性

高校品牌是高品位文化的品牌。高校不能按照设定的程序培养出完全一样的人,因为人是文化的产物,人的成长、成才需要在特定的文化氛围中逐步养成,文化是高校品牌的核心。

(三)影响高校品牌的主要因素

高校的品牌是一所学校历史文化的积淀对现实社会的影响力,是学校自身从事知识生产中形成的核心竞争力的外在表现,是一所学校所形成的吸引力和凝聚力必然产生的"有诸内必形于外"的辐射力。高校品牌的构成来源于三个要素的综合力:一是社会对学校的评价。二是消费者对学校的认可。三是学校自身对品牌力的生产。学校自身对品牌力的生产是品牌内涵的核心,社会对学校的评价及消费者对学校的认可是品牌内涵的外在显示度。一所学校的品牌其品牌力、社会的影响力和辐射力的大小,由以下几方面的因素决定。

1.著名的校长

审视名牌大学的形成过程,首先展现在人们眼前的是一个个大学校长,他们的名字与各自的大学紧密相连,蔡元培与北大、梅贻琦与清华……可以说,校长的眼光、胆识、经营管理才能、教育理念、思想火花等无不决定着一所大学的发展方向、发展速度和发展前程。

2.教师的素质

一所大学的社会地位、社会影响,取决于有没有一批有水平、有社会影响力的教师。梅贻琦先生认为"大学者,非谓有大楼之谓也,有大师之谓也"。哈佛大学前校长柯南特指出"大学的荣誉不在于校舍和人数,而在于一代又一代教师的质量"。教师是大学品牌的支柱。

3.学生的素质

学生素质的好坏是大学品牌建设的基础,高素质的学生群体为培养高质量的人才提供了优质"材料",一流的大学无一不为争取到优质生源而各显神通,学校的品牌无疑是吸引这些优秀生源的"吸附剂"。

4.办学的特色

大学的办学特色是一所大学在发展历程中形成的比较持久稳定的发展方式和被社会公认的、独特的、优良的办学特征。办学特色集中体现在学科的建设方面,在某些领域形成自己独有的优势,以此确立学校的地位和影响,对学校整体学科发展具有连带和辐射功能。它的核心是具有适应国家、社会发展的大学教育思想与办学理念。特色越明显,其品牌效应越显著。

5.通过公开竞争获得的研究基金

科学研究是大学的三大职能之一,它是学校学科建设的内在要求,是高校服务社会增强办学活力的重要举措,是提高师资队伍素质的根本措施。公开竞争获得研究基金是一所学校品牌效应最直接的反映。

6.大学硬件设备的质和量

硬件设备主要包括藏书丰厚的图书馆及先进的实验室设备,这是大学品牌的物质基础,一流的设施、设备等硬件的质和量以及积淀在这些硬件设施中的校园风物,既是人才培养的物质保证,也是大学品牌的有形显现。

7.大学财源

财力是一所大学运行的第一推动力,学校财务运行与管理是经营学校的理念具体体现:一方面,要管理好现有的资金,让有限的资金发挥最佳的效能;另一方面,学校外部资金的获得往往也是品牌效应的直接结果。

8.历届毕业生的声望和成就

大学品牌的外溢性主要由著名校友来集中体现。一所大学只有英才辈出,才对这所大学的品牌起到积极的传承作用,大学才会有无穷的生命力,他们是大学品牌的"活广告"。

9.学校的学术声望

一所大学的学术声望是学术信念、学术理想、学术权力、学术水平的综合体现。在促进社会文明和社会进步的过程中,大学承担着重大的责任,大学必须依靠自己的优势学科,承担重点科研项目并创造出富有影响力的学术成果,以满足社会的需求。

10.大学精神

大学精神是大学在发展过程中形成的反映大学特色,并能激发师生积极性和增强学校活力的群体意识,是大学文化的精髓,是大学赖以生存的支柱和精神推动力,是大学价值观的集中体现。大学品牌的价值更多地源于大学的精神。而大学精神的获得不是一朝一夕的事情,而是要通过学校的党建和思想政治工作、形象工程、凝聚力工程、校园文化建设工程逐渐浓缩而成的。

第二节 高校品牌的理论基础

所谓品牌形象是存在于人们心智中的图像和概念的集群,是关于品牌知识和对品牌主要态度的总和。与产品本身相比,品牌形象更依赖于消费者心目中的解释。广告大师奥格威提出的品牌形象论,曾经影响了整个20世纪60年代美国广告界的作业策略,至今仍然具有很深的影响力。奥格威的"品牌形象论"主要有以下要点:一是塑造品牌服务是广告最主要的目的,广告就是力图使品牌具有并维持一个高知名度的品牌形象。二是每一则广告是对品牌的长期投资。三是随着同类产品的差异性减少,品牌之间的同质性增大,消费者选择品牌时所运用的理性就越大,因此,描绘品牌形象要比强调产品的具体功能特征要重要得多。四是消费者购买时所追求的是"实质利益+心理利益",对某些消费群体来说广告尤其应该重视运用形象来满足其心理的需求。

一、几种典型的品牌理论

(一)品牌定位理论

20世纪70年代早期,美国著名营销专家里斯和屈特提出了品牌定位理论,之后被广泛使用于营销领域,成为营销教科书必然涉及的一个专门术语。品牌定位的观念,在广告界始于20世纪70年代,它的主要思想如下:人类心智都存有空位,让厂商去争取,假如消费者心智有空位的话,定位就很容易,但是,如果已被竞争者们占据的话,定位就困难了。所以,为了在消费者心目中占据某种地位,厂商就必须在竞争市场中再定位了。对于如何进行品牌定位以及定位的原则,何佳讯在《品牌形象策划》一书中对其进行了详细描述,主要内容如下:①执行品牌识别。当一个品牌的定位存在时,该品牌的识别和价值主张才能够完全地得到发展,并且具有系统脉络和深度。②切中目标消费者。品牌定位必须设定一个特定的传播对象,而这些特定对象可能只是该品牌所有目标对象中的一部分。③积极传播品牌形象。品牌定位可以看作连接品牌识别和品牌形象之间的桥梁,也可以看作调整品牌识别和品牌形象之间关系的工具。④创造品牌的差异化优势。品牌定位本质上展现其相对于竞争者的优势,通过向消费者传达差异性信息而让品牌引起消费者注意和认识,并在消费者心智上占据与众不同的有价值的位置[①]。

(二)品牌资产理论

20世纪90年代初,品牌资产成为一种测量品牌价值的工具后,众多的学者投入到品牌资产的研究之中,对其研究主要有以下内容:一是品牌资产概念的研究。一方面,基于企业从财务的角度分析,主要将品牌资产以货币的形式表现出来,代表人物有法科尔、西蒙和沙利文等;另一方面,基于顾客从营销的角度对品牌资产定义,如有学者将品牌资产定义为具有资产的品牌提供给消费者"一种自我拥有的、可信赖的、相关的、独特的"承诺;我国学者符国群认为品牌资产是附于品牌之上,能够在未来为企业带来额外收益的顾客关系。二是品牌资产维度的界定。相关学者提出了各自的模型。艾克尔认为品牌资产的维度由品牌忠诚、品牌意识、可见质量、品牌联想的其他品牌资产等五个维度组成。我国学者汪福俊、陈怀超从顾客心理能级出发提出了品牌资产是由品牌认知度、品牌知名度、品牌美誉度、品牌联想度、品牌忠诚度构成。三是

---

①周鹍鹏.基于定位理论的品牌资产提升研究[M].北京:中国经济出版社,2013.

品牌资产测量的研究。从学术文献的观点来看,艾克尔介绍了一种新的模型来测量品牌资产,通过忠诚度,可见质量、领导力和流行度,联想和差异性的测量,知名度测量以及市场行为测量来测量品牌资产;国内学者李向辉、周刺天提出了品牌资产引擎评估模型,提出了构成品牌价值的三要素——亲和力、功能表现和价格。从咨询公司的观点来看,代表性的有利于品牌的七个要素——品牌领导力、品牌的稳定性、市场的增长性和稳定性、品牌国际化程度、品牌增长趋势、公司的支持度、品牌的保护度来测量品牌资产。

(三)品牌关系理论

20世纪90年代末期,品牌关系的概念被广泛运用到品牌研究之中,布莱克斯顿提出,品牌关系就是"消费者对品牌的态度和品牌对消费者的态度之间的互动",并发现,成功的品牌都具有两个因素:信任和满意。研究的内容主要有以下几个方面:一是品牌关系主体研究。二是品牌关系流程研究。三是品牌关系规则研究。四是品牌关系质量研究。现有的品牌关系质量研究模型,多数以弗尼尔提出的模型为基础,即品牌关系质量维度的因素为:个人承诺、爱、相互依赖、亲密、伙伴品质与自我联结。

二、高校品牌创建的依据

(一)教育产业论

有关"教育产业化"存在众多争议,主要表现为三种观点:第一种观点认为教育不能产业化。第二种观点是教育应该完全产业化。第三种观点认为教育可以部分产业化,但不能完全产业化。目前,比较认同的是以著名经济学家厉以宁为代表的观点,认为高等教育作为一种产业,其教育产出是高校的教学、科研成果。一方面,教育的产业性要求高校按照企业运营的方式来打造品牌;另一方面,教育的事业性要求高校按照教育规律办事,提高教学质量、科研水平和社会服务能力。高校个性化、特色化的教育产出是一种标识,并在公众中有较高的知名度和信誉度,这就是高校的品牌。因此,要使高校的产出成为"精品",就必须创建高校品牌。

(二)大学竞争论

高等教育的国际化和大众化、规模的扩大、大学的转型和市场化的深入,必然加剧大学之间的竞争。高校品牌战略就是要形成竞争中的取舍,要有所为有所不为。全球最有影响力的战略管理专家之一迈克尔·波特说:"战略形成的本质,本来就是为了应付竞争的需要。"形成大学核心竞争力首先要在社会和高等教育发展中找到自身发展的战略性定位,而战略性定位的本质就是选择能与竞争对手有所差别的、具有个性的活动。通过大学竞争,各高校突显自身在教学、科研等方面的优势,从而获得公众的认可,高校的品牌才得以建立,并不断提升。应当说,高校建设中的品牌意识,是高校引进竞争机制、树立市场观念的结果。高校是否具有自己的品牌已成为其参与竞争的制胜法宝。学者朱小蔓指出,学校品牌的核心是教育产业的竞争,是教育产品的竞争,其竞争力在于育人的结果,育人的结果应当是学校品牌的根本标识。所以,创建品牌大学是一所高校面对国内外日益激烈的竞争积极应战、赢得主动、取得有利竞争位置的一种有效的战略性选择。

(三)经营管理论

品牌经营战略可以提高高等教育的经营管理水平。对于企业来说,品牌是企业形象和素质的集中表现,是企业声誉的标志,优秀的企业经营者将自有品牌为企业的无形财富,常以自有品牌的声誉来教育全体员工,提高员工的经营积极性,提高经营管理水平和服务水平,增强企业的凝聚力。因而品牌的生命,归结于质量的竞争,而质量的保证和提高源自高等教育的经营管理水平。对于高等教育来说,高校的品牌来源于其学生的质量、师资的水平和科研的能力等方面。高校拥有了自己的"品牌",就必然要有高质量的管理,提供高质量的服务,只有建立和打造出高校的管理"品牌",学术"品牌"、学生"品牌"和学校"品牌"才能真正建立起来。

三、高校品牌战略

(一)高校品牌战略的概念

所谓战略,是指导全局的计划和策略。品牌战略在经济领域是指企业,在生产经营过程中为占有市场、赢得一定的市场份额,通过采用先进的科学技术、提高质量、降低成本、宣传广告等手段,使其生产的产品得到消费者与社会普遍认可所建立的长期效用的工程。

高校品牌战略就是根据自身的核心价值理念,面向社会、面向市场、面向世界,通过学校的整体优势和独特个性,争取更多的办学资源,提供优质教育产品和服务,提升学校竞争力,提高社会普遍认同感的过程。它不是目标,不是愿景,而是方法。战略的关键是准确定位、寻找竞争优势、获得持续发展。在这一过程中，高校品牌特别是强势品牌，将以它独特的个性和风采，具有跨越文化和地理疆界的能力，充分展示其优势。

(二)高校品牌战略的特征

1.竞争性

竞争性体现在以下三个方面：一是品牌作为一种无形资产，它依附于学校的产品。高校向社会提供的产品实质上是一种教育服务，它包括培养的学生、科技成果等，由于这种"服务产品"存在有相同使用价值和可替代产品等同类品牌，就必然存在同类竞争。二是随着市场经济的不断发展，市场的竞争已经完全由产品竞争转变为品牌竞争。三是从"战略"的定义来看，战略必须要知己知彼，"知己"是对自身的品牌竞争力进行评价和认识，而"知彼"则是对处于竞争地位的竞争品牌进行研究，这就要对双方的竞争性进行对比。

2.风险性

当前，高校之间的竞争日趋激烈，每所学校的发展都处在瞬息万变的环境当中，因此，基于对外部竞争环境变化趋势预测基础上的品牌战略带有很大的风险性。预测正确、策略得当，品牌成长的可能性就大，只有在"运气"和"机遇"条件下的正确的品牌战略，经过长期的坚持不懈的努力经营和管理，才能成为一个强势的品牌。

3.全面性

品牌战略作为一所高校发展的主导战略，涉及学校的全面工作,品牌的打造涉及学校、媒介、竞争对手、政府、消费者、其他社会公众、学校的合作者等,因此,打造品牌时应充分考虑到各种关系的涉及者,进行综合衡量。其中最主要的是高校及其合作者、媒介、竞争对手和高校的消费者。

4.长期性

品牌战略不只是谋划眼前的近期目标,而是以谋划学校的中长期发展目标为主要目的,着眼一个学校的未来。它不是针对目前的问题所采取的就事论事式的解决问题的方案,而是着眼于品牌的未来发展和永续经营,目标是塑造强势品牌。品牌的培育绝不是权宜之计,品牌的打造也不是一蹴而就的,而是一项艰巨而复杂的系统工程,需要高校的全体师生员长期坚持不懈的努力。

5.独特性

每所高校都有其不同的情况:一方面,所面临的外部环境、竞争对手和目标消费者不一样;另一方面,内部的人员素质、规模实力、办学层次、社会声誉、占有资源以及办学历史等不尽相同,因此,每所学校品牌的外形、气质、内涵、个性也会不一样。在这种情况下,要求高校的管理者能具体问题具体分析,寻找适合自己学校的品牌建设之道路。

6.相对稳定性

品牌战略涉及的面广,关系到品牌的生死存亡,不可能立竿见影,有的策略需要相当长的一段时间才能显现其效果,因此,必须具有相对的稳定性。但是,这种稳定是相对的,随着外部环境的变化,高校必须随之修订、调整现实的品牌战略以与社会发展方向相一致。

7.创新性

一所学校的品牌战略不可能与其竞争对手相一致,必须在自己的核心优势和核心竞争力基础上不断创新,亦步亦趋永远不可能战胜自己的竞争对手,因此,制定品牌战略是一个创新过程。每所高校所处的市场环境以及面对的竞争对手也不同,必须有针对性的制定战略,才能起到出奇制胜的作用。品牌战略作为现代高校的战略管理的核心,它的价值在于有别于他校的差异性。

8.公共性

高校承担着国家教育和科技发展的重要职责,具有公共性,需要接受公众监督的程度与其公共性成正比。因此,高校在制定品牌战略规划时,不仅要考虑自身的办学条件和特色,而且要满足国家建设与发展的需要,并且符合世界高等教育与科学技术发展的趋势。高校必须与各种各样的利益关联者进行谈判,形成代表大多数人的利益联盟,来确定未来的发展走向。

第三节　高校公共关系

"公共关系"一词内涵丰富,在不同语境中含义不尽相同,可指一种观念、一门学科、一种职业、一项事业、一种手段等。公共关系有静态和动态之分,从静态角度看,公共关系表现为一种状态,指社会组织与其公众之间业已形成或客观存在的一种社会关系状态;从动态角度看,公共关系表现为一种活动,指社会组织通过传播沟通等手段影响组织的公众舆论、塑造组织的良好形象、协调组织的社会关系、优化组织的运作环境的公共关系工作,是一种主观见诸客观的社会实践活动。由于使用情境不同,任何一种观念都无法囊括公共关系的全部内涵,下文中的公共关系意指公共关系管理活动,总结为:组织运用调查研究、传播沟通手段实施的与其公众间的关系生态管理,旨在为组织的生存和发展营造良好的社会生态环境。

一、高校公共关系的本质

高校公共关系本质问题是高校公共关系研究所面临的基本理论问题,它担负着统领全局的重要责任。根据辞书、哲学辞典以及哲学专著对"本质"概念的阐释,对本质的理解应从以下几方面把握:事物的本质是该事物必然具有也必须具有的最一般、最普遍、最稳定的共同属性;事物的本质是该类事物内部所固有的特殊矛盾决定的,是该事物不同于其他一切事物的特有属性;事物的本质是规定和影响事物各种非本质属性的存在和发展的根本属性;事物的本质是表现事物内部深处发生的过程,反映事物内部各要素间的内在联系的属性。

第一,事物的本质是该事物必然具有也必须具有的最一般、最普遍、最稳定的共同属性。探讨高校公共关系的最一般、最普遍、最稳定的共同属性需要从不同维度的高校公共关系现象中加以考察。高校公共关系无论在资本主义社会还是在社会主义社会,无论在什么样的时代,无论在公立高校还是在私立高校,无论在普通高校还是在成人高校,都由四个基本要素组成,即高校公共关系的主体(高校)、高校公共关系的客体(高校的宏观环境和微观环境,即公众环境)、高校公共关系的手段(调查研究和传播沟通)以及高校公共关系的目的(营造良好的高校社会生态环境)。尽管不同社会形态、不同历史时代、不同类型高校的公共关系主体会有所差别、客体会有所不同、手段会存在差异、目的会有所变化,但无论如何,高校公共关系的基本要素是稳定的,并且缺一不可,它们相互协调、相互作用,共同构成了完整的高校公共关系活动。

第二,事物的本质是该类事物内部所固有的特殊矛盾决定的,是该事物不同于其他一切事物的特有属性。高校公共关系是在高等教育领域内开展的公共关系,从横向看,它既不同于企业等盈利性组织的公共关系,也不同于公益组织等非盈利性组织的公共关系,它必须符合教育自身的特点并遵循教育的内在规律;从纵向看,它又不同于初等学校和中等学校等其他类型学校的公共关系。高等学校是实施中学后教育的机构,其主要目标是以培养人才为中心,开展教学、科学研究和社会服务。它所培养的是高层次、高素质的各类专门人才;所从事的科学研究渗透到社会生活的各个领域;所提供的社会服务能为社会大众解决一系列的实际问题。高校职能的多样性决定了它与社会各方面的联系最为密切,而在其作用于社会的同时也必然受制于社会环境的变化,因此,必须在高校与其生存环境之间架起一座桥梁,在不断监测宏观环境变化的同时,倍加关注微观的公众环境,并与其公众建立起良性的互动关系,促进高校与环境的协调发展,而高校公共关系正是这座桥梁,它具有其他任何公共关系所无法替代的特殊性。

再次,事物的本质是规定和影响事物各种非本质属性存在和发展的根本属性。事物的本质是由事物的根本矛盾所决定的根本性质,它决定和支配着其他矛盾。高校公共关系内部存在着诸多区别于其他事物的特殊矛盾,其中高校与其社会生态环境之间的矛盾起着支配和决定作用,并贯穿于高校公共关系的始终,它是决定其他一切矛盾的根本矛盾,一旦这一矛盾消失,高校公共关系便失去了存在的价值。高校在其运行过程中,不断地与社会进行着物质、信息的交换,社会环境对其兴衰成败至关重要。倘若忽视宏观环境的变化,倘若对社会舆论置之不理,倘若其优秀生源的供给匮乏,倘若其"产品"——毕业生和科研成果没有最终的归宿,倘若社会各界对其服务不予认可,高校的发展则必然走向低迷,甚至走向衰亡。为了应对这一矛盾,高校不得不对环境的变化保持警觉,并努力与其公众建立良好的伙伴关系,以使组织可持续发展。然而,宏观环境复杂多变,公众的需求也处于不断地变化之中,旧的矛盾得以解决,新的矛盾又将出现,高校与其社会环境之间总是处于不断地矛盾运动之中,同时也伴随着其他诸多矛盾的出现,只有当这一本质矛盾得以彻底解决,其他各种非本质矛盾也才会随之消失。

最后,事物的本质是表现事物内部深处发生的过程,反映事物内部各要素间的内在联系的属性。本质是通过事物与事物之间的内在联系,即把事物内在的、稳定的、共同的因素抽象出来后而获得。有学者将本质简洁地表述为"是事物的根本属性,是构成事物的各必要要素的内在联系"。如前所述,高校公共关系包括主体、客体、手段、目的四要素,而各要素的内在联系、相互作用即构成了高校公共关系的本质,其中任何要素的缺乏都会导致高校公共关系不复存在。高校公共关系的主体是各级各类高等学校组织,既包括本科院校、高等专科学校、职业技术学院,也包括普通高校和成人高校;高校公共关系的客体是高校的社会生态系统,即对高校的生存与发展具有现实或潜在影响的宏观环境和微观环境(公众环境),如政府、工商界、社区、同行、媒体、校友、学生家长等;高校公共关系的手段是调查研究和传播沟通,有以下作用:一方面能使高校把握宏观形势的发展变化,了解公众的利益诉求,追踪最新的信息动态;另一方面能使公众知晓高校的办学宗旨、运行规律、客观状况以及政策、决策等,以便公众能为学校提供适切的帮助和支持,实现有效的双向沟通。缺少这一手段,高校公共关系实践活动则无法开展,可以说,高校公共关系是调查研究和传播沟通活动的结果,高校公共关系必须借助各种现代的传播技术、信息载体和沟通策略来促进高校与其客体之间的良性互动;高校公共关系的目的是把握宏观环境的变化趋势,建立良好的公众关系,实现高校的可持续发展。主体、客体、手段三要素通过管理活动有机地结合,形成一种有组织、有计划、有系统的长效活动,促进高校公共关系目的的有效实现。

基于以上分析,高校公共关系的本质是"高校运用调查研究和传播沟通手段实施的高校与其公众间的关系生态管理,目的是促进高校与其生态系统之间的良性互动,实现高校和谐、持久的发展"。

二、高校公共关系的特征

公共关系的特征表现是多层面、多角度的,高校公共关系既具有公共关系的一般性特征,又有其特殊性。下述特征主要包括高校公共关系所独有的特征以及在高校公共关系中表现较为突出的一般性特征。

(一)自主性特征

"自主",顾名思义,是指自己做主,即对事物拥有自己独特的见解,不为外力所左右。高校公共关系的自主性主要是针对高校公共关系的主体而言,指高校在开展公共关系过程中所表现出的独立意识和自主抉择能力,即它能够对自己行为的后果做出理性的判断,知道如何行事才能规避风险,才能有利于高校的长远发展,并能够自觉地约束自己的行为。高校的自主性特征同大学与生俱有的学术自由和大学自治一脉相承,它们不仅是高等教育机构的安身立命之本,也是高校公共关系自主性特征的源泉和根基。这就决定了高校在处理与公众的关系时不能够完全迎合公众的需求,当公众要求与大学精神相违背、相抵触之时,其自主意识便会展现,而无论这种需求会带来怎样的短期利益,高校都会果断地加以拒绝,以确保其长远利益的有效实现。虽然各类社会组织都具有一定的自主性,其公共关系活动也都不会毫无条件地完全迎合公众的一切需求,但高校独特的生存哲学使其自主性表现得更为突出。高校不同于盈利性组织,也不同于其他非盈利性组织,虽然高校也以"一切为了学生的发展"为办学宗旨,但却不会将"一切为了公众"作为高校公共关系的目标追求。高校公共关系的自主性特征能有效地防止其偏离正确的轨道。

(二)战略性特征

战略规划是高校发展的顶层设计,而高校公共关系作为战略而非单一战术层面的内容,是高校战略制定的重要力量,这充分体现出高校公共关系的战略性特征。高校战略规划的制定不但要以分析和预测未来环境状况为依据,而且还必须立足于对高校自身状况的研究,而这两项任务均为高校公共关系的"分内"之事。高校公共关系能够立足于组织的长远利益,通过对外部环境信息的扫描,帮助组织监测社会环境,为战略制定者提供充分的、在战略规划上可以有效利用的外部智能,使高校辨清机遇和挑战,找准定位,规避"凭直觉飞行"所招致的风险。此外,高校公共关系能通过调查研究、传播沟通等手段,帮助高校分析其自身特点,明确组织的优势和劣势,使战略规划与高校实际紧密结合,具有较强的实效性和可操作性,使高校保持持久的战略优势,在市场竞争中立于不败之地。然而,高校公共关系的战略性不仅体现在它对于高校发展战略的制定所起的关键作用,其自身也是一种重要的战略性资源,它不但能够通过内部协调,提高教职员工的积极性和战斗力,还能够通过与外部公众建立和谐关系,广泛地争取外部力量的支持与合作,促进高校战略的顺利实现。

(三)复杂性特征

高校公共关系的复杂性主要体现在以下两方面:一是高校公共关系主客体的多样性。从主体多样性的角度看,高校的性质多样,它既具有公益性又具有私益性,是集两种性质于一身的组织机构,因此,它面临着比单一的公益性或私益性组织更加复杂的公众群体。高校的职能多样,它承担着多样的使命,而"大学多样的使命和数目众多的参与者使大学所遭遇的挑战远比商业组织复杂得多";从客体多样性的角度看,高校公共关系客体的构成多样,既包括宏观环境又包括公众环境,其中宏观环境因涉及政治、经济、文化、科技、人口等诸多方面而变得复杂,而公众环境的多样性体现则更是多方面的。从公众构成的角度看,高校较其他行业拥有至少两部分特殊公众,即校友和学生家长。从公众结构的角度看,其公众结构不是直线式的,而是立体网络状的。从公众需求的角度看,具有多样化的特点,高校不仅要满足社会的整体需求,还要满足受教育者个体身心发展的要求。从与公众关系的角度看,在互联网高速发展的今天,主客体关系并非固定不变,而是可以相互转化的,这种转化将必然会增加高校公共关系的复杂性。高校的社会环境具有不确定性。虽然高校的社会环境较工商业具有相对稳定性,但多变性或不确定性作为环境固有的特征,在高校的社会环境中同样存在,使得高校难以及时、准确地把握环境信息并予以有效的应对,从而进一步增加了高校公共关系的复杂性。二是高校公共关系状态的动态性。从高校公共关系状态的动态性角度看,不存在一劳永逸的高校公共关系状态,任何一种公共关系状态都只具有相对稳定性,它会随着高校内外环境的变化而变化,既可能由合作关系转变成竞争、敌对关系,也可能反之,这在一定程度上导致了高校公共关系的复杂性。因此,高校要不断地监测其公共关系状态,随时调整公共关系策略,努力营造并维系和谐、稳定的高校公共关系状态。

(四)创造性特征

公共关系不仅是一门科学,也是一门艺术,它是科学和艺术的统一,因此,高校公共关系的开展既要遵循公共关系的科学规律,也应具有创新型观念和创造性思维。创造性是高校公共关系生命力之所在,它与高校公共关系效果直接相关,相同的素材,相同的投入,选择不同的公共关系形式、不同的时间或地点,其公共关系效果往往会大相径庭。因此,高校公共关系人员应认真研究公共关系的内在规律,透彻分析高校的自身状况,准确把握宏观环境和相关公众的特点,充分利用现有的传播技术和手段,创造性地开展工作,使高校公共关系保持持久的生命力。高校开展独具特色的公共关系实践活动具有得天独厚的优势,它不仅从事着公共关系教育活动,掌握着公共关系发展的最新动态,还拥有一批公共关系理论研究的专家和学者,为高校开展公共关系工作把持方向。同时,高校作为最具活力的科技研发基地,拥有着前沿的科学技术,这些都为创造性地开展高校公共关系活动提供了坚实保障。

三、高校公共关系的功能

公共关系源于企业,并因其卓越的功能被广泛应用于其他行业。关于高校公共关系功(职)能的研究已取得丰硕成果。职能是指某一机构的职责和能力。它是社会机构或部门所应承担的社会职责和履行这种职责的能力的统一体。功能通常指具有一定结构的系统所具有的作用,它是事物本身具备并可以和可能发挥的实际效用。下文内容侧重分析功能,高校公共关系功能分为直接功能和间接功能。直接功能包括信息功能、参谋功能、调控功能、交往功能等;间接功能主要是指其经济功能。对高校公共关系功能进行深入地剖析,有助于更充分地发挥其效用,更好地促进高校管理目标的实现①。

(一)信息功能

信息功能,它是公共关系的首要功能,公共关系的运作通常以此功能作为开端。高校公共关系的信息功能是指为了高校的生存与发展而获取、分析、整理信息,并以此监测环境、反馈舆情、预测趋势、评估效果的功能,它是高校感官的延伸。在信息时代,信息是组织赖以生存和发展的重要资源,"信息就是效益""信息就是金钱",能否及早获得充足、准确的信息,已成为各项事业成败的关键。高校与社会的联系日益密切,置身的环境亦日趋复杂,其生存与发展受到诸多不确定性因素的制约,环境的不断变化使得机遇难以捕捉,甚至是稍纵即逝,也会使挑战不期而遇或不可抗拒。因此,应充分发挥高校公共关系的信息功能,广泛搜集相关信息,及时反馈高校环境之变数,对高校形象、公众舆论和社会环境保持高度敏感,尤其要对不良的高校形象、负面的公众舆论和环境中潜在的问题和危机予以足够警惕,以便高校及时调整战略和决策,与不断变化的社会环境保持动态的平衡。信息功能搜集的信息主要包括两大类:一类是与高校形象相关的信息;另一类是与高校社会环境相关的信息。

高校社会环境信息包括宏观环境信息和微观环境(公众环

①杨芳,高浩. 新媒体时代高校公共关系管理与德育融合度分析[J]. 南京航空航天大学学报(社会科学版),2016,18(04):96-99.

境)信息。宏观环境信息包括国内外的政治、经济、文化、教育、科技等诸方面信息;微观环境信息主要是指高校相关公众的信息,如公众利益需求、公众心理变化、公众变动情况等信息。事实上,两种环境相互作用,密不可分,宏观环境对微观环境产生影响,微观环境又反作用于宏观环境。环境具有动态性,环境的变化必然导致公共关系战略目标、方针政策和方法手段等的变化,因此,必须以动态的、发展的眼光认识高校环境,加强高校环境监测。通过及时搜集、分析环境信息,高校公共关系人员能较为准确地把握高校的优势、劣势、机遇和挑战,为发挥高校公共关系的参谋功能奠定基础,使高校更好地扬长补短,从而抓住机遇,更好地应对挑战。

(二)参谋功能

高校公共关系的参谋功能体现在为决策者提供咨询建议和直接参与决策两个方面。这一功能贯穿于决策的全过程,有助于防止高校决策中出现短视现象和片面行为,提高决策的科学性和民主性。

公共关系的咨询建议、参与决策以信息搜集为前提,并通过对信息的分析、整理为高校的发展决策当好参谋。咨询主要分为信息型咨询、诊断型咨询、专题型咨询和顾问型咨询。信息型咨询是指为高校发展提供有关社会环境方面的信息咨询,使高校做到知己知彼,与社会环境协调发展。诊断型咨询是指帮助高校分析、查找运作过程中出现的有关高校形象、公众关系等方面问题的根源,以便有针对性地改善、修复高校形象,建立和谐的公众关系。专题型咨询是指对高校开展扩大社会影响、塑造高校形象、促进与公众良性互动等活动提供咨询服务,使活动更具科学性和艺术性,提高专题活动的实际效果。顾问型咨询是指对化解形象和公众关系危机所进行的咨询。高校危机在所难免,公共关系部门应预先开展深入的调查研究,做出科学预测,制定危机处理方案,一旦危机出现,应迅速查明情况,为高校提供咨询建议,避免或减少损失。

决策过程实质上是对相关信息的搜集、分析、整理和运用的过程。高校战略目标的制定、操作策略的选择、具体政策的颁布绝非闭门造车,必须以掌握充足的组织内外信息为前提。高校公共关系人员要适当减少用于解决临时性问题的时间,提高参与决策,尤其是参与战略决策的程度。要协助决策者把握多变的社会环境,平衡复杂的社会关系,预测和评价决策对社会影响和反响,使决策更好地兼顾学校利益和公众利益、短期目标和长期目标、经济效益和社会效益,使高校具备较强的社会适应性。

(三)交往功能

交往是人类基本的实践活动,交往功能是高校公共关系的基本功能,它是指高校运用沟通、协调等手段,维系原有关系、发展新型关系、建立长远关系网络,为高校创造"人和"的环境,促进高校和谐发展。大学的产生离不开交往,大学发展势头的强弱更与其交往能力密切相关,"在全球冲突加剧的今天,倡导大学交往功能的呼声正日益高涨。"

高校的交往范围广泛,其关系网络中既包括与合作者的合作关系,又包括与竞争者的竞争关系;既包括与权力部门的纵向关系,又包括与媒体、企事业等机构的横向关系。高校-公众关系具有动态性,随着高校内外环境的变化,其公众构成和关系状态也将处于不断地调整之中,既有原有关系的脱离也有新型关系的建立。良好的高校-公众关系不仅是高校发展的"助力器",也能有效地化解高校危机,即在组织遭遇公共关系危机时,通过高校公共关系人员"动之以情、晓之以理"的沟通,消除误会、化解摩擦、避免碰撞或对抗性的矛盾与冲突,促进沟通、理解和融合等。因此,高校公共关系机构应充分发挥公共关系交往功能的协调、聚合作用,以诚恳的合作态度、有效的交往机制、恰当的运作形式,在高校与其公众之间营造良好的关系网络,与国内外同行和相关机构建立联系,扩大组织的接触面和影响力,寻求广泛的支持与合作,通过关系的协调,化解不良关系,巩固良性关系,努力做到内求团结(高校内部公共关系的职责范畴),外求和谐,为高校赢得更多的外力支持,并为其提升竞争优势提供机会和可能。

(四)调控功能

调控功能是指对高校公共关系所及领域进行调节和控制的功能,主要包括对高校形象、舆论、危机等的调控。调控功能在情报功能基础上发挥作用,通过情报功能获知高校形象、舆论、危机等方面的基本情况,并采取相应的公共关系策略加以调控,促进高校协调发展。高校形象和舆论密不可分,两者相辅相成、互为因果。首先,高校公共关系机构可通过监测社会舆论,确定高校的形象定位,并以此为依据有的放矢地改进或提升高校形象;其次,高校公共关系机构可通过调查研究了解高校的社会形象,并根据具体的形象坐标对舆论实施以下调控:①制造舆论,即开展舆论攻势,向公众宣传高校的办学宗旨、战略目标、办学特色、办学效果等,让公众从整体上了解、理解、认同并接受高校。②强化舆论,即使用多种舆论途径,采取各种舆论手段巩固有利的舆论。通过舆论强化,加深公众对组织的印象,为高校良好形象的塑造奠定坚实的基础。③引导舆论,即根据舆论反馈适时地对公众舆论进行调控,引导舆论向有利于高校形象的方向发展。

危机调控是指对高校危机的有效防范和恰当处理。高校危机具有高度的社会敏感性、学生主体活跃性、盲从性与群体性。高等教育与个人和国家的前途、命运息息相关,高等学校也因此成为全国人民瞩目的焦点,备受政府和社会各界的高度重视与广泛关注,一旦危机发生,极易引起强烈的社会反响,产生危机的"放大"或"辐射"效应。同时,大学生是一个积极向上、朝气蓬勃的群体,如危机处理及时、方法得当并加以正面引导,会得到学生的理解、支持与配合,有效地化解危机,反之则相反。可见,有效防范、及时应对高校危机具有重要的战略意义。

高校公共关系的危机调控功能十分突出,如危机预警系统中组织机构的设置、信息的搜集、危机隐患的排查、危机应对预案的制定等不但能有效地防范危机,还能在危机发生时从容应对。在公共关系学中,危机处理又称为"危机公共关系",意指灾难或危机中的公共关系活动,是指公共关系危机产生时化解、转危为安的活动。实际上,任何一种危机处理,都可称之为是一种公共关系的处理,因为它都必须运用沟通、协调等手段,求得相关公众的理解和谅解。如危机处理失当,不仅会造成严重的损失,还会因产生连锁反应而引发更大的危机;如处理得当,即可转危为安,挽回声誉,提升组织形象,甚至可以化危机为契机,带来整个体制上的革新。

(五)经济功能

教育家赫钦斯曾有过如下评述:"公共关系可以产生捐赠、立法授予和学费收入。"赫钦斯的一番话让人们充分感悟到高校公共关系的经济价值。此外,还有研究者认为公共关系就是生产力,却也从一个侧面说明了公共关系能为组织带来经济效益,具有间接的经济功能。高校公共关系的经济功能主要从良好的品牌形象、和谐的关系网络以及恰当的筹资策略等方面得以体现。

对于高校而言,拥有良好的品牌形象,就意味着拥有了较为充足的办学经费、广阔的发展空间以及优秀的师资和生源。首先,品牌形象影响高校的经费投入。随着高等教育大众化的到来,办学经费短缺问题日益凸显,但由于多数高校筹资能力和经费来源渠道有限,外界的支持具有举足轻重的作用,可谓"雪中送炭",而名牌高校在获取外界资金资源上具有明显的优势,虽然这种投入方式并非完全合理,但不可否认,教育资源配置上日渐生成"名牌大学集聚效应";其次,品牌延伸为高校带来广阔的财源。品牌延伸是指高校将已具有一定影响力的品牌运用于新开发的项目,以期减少风险,获得较高的回报。虽然品牌延伸是一把双刃剑,但如能有效使用,高校将在产学联合、合作办学、附属机构等诸多方面感受到品牌延伸之效用,为高校带来可观的经济效益;最后,品牌形象能有效地吸引稀缺资源,促进学校社会效益的双赢。高校必须致力于品牌形象的塑造与提升,只有这样,才能筑巢引凤,才能在促进学校发展的同时更好地为社会服务,毕业生也会备受青睐,高校才会走上良性循环的轨道。

常言道:"天时不如地利,地利不如人和。"良好的公众关系即为人和的充分体现。随着高校发展环境的日渐复杂,与其生存和发展休戚相关的绝非仅仅是单一的"产业链"。政府、企事业单位、媒体、社区、校友、家长等都以各自的方式影响着高校,与他们保持良好关系将对高校发展起到巨大的推动作用,不仅能促进高校社会效益的提升,还能为其带来诸多的经济效益。首先,良好的公众关系能赢得政府的信任,争取到更多的政策、财力、物力等的支持,能充分调动社会各界捐资助学的积极性,能促进同行及产学研合作,为高校带来可观的经济收入;其次,良好的公众关系有助于化解高校公共关系危机。公共关系危机会极大地影响社会舆论和高校的社会声誉,如处理不当,不仅有损于高校形象,使公众对高校的教学、科研和社会服务产生怀疑,还会带来直接的经济损失,危及高校的发展。因此,对于公共关系危机决不可掉以轻心。良好的公众关系不但能降低摩擦成本,还能够赢得社会各界的支持,帮助高校渡过难关,减少高校的经济损失,甚至转危为机,为高校带来更大的发展空间。

四、高校公共关系的原则

公共关系原则是指公共关系实践中所应依据的准则。高校公共关系是一项专业性很强的工作,其本质、特征、功能都要求高校公共关系人员按科学规律办事,遵循一定的公共关系原则。

(一)真实性原则

高校公共关系必须以客观事实为基础,坚持真实性原则,即以诚实的态度传播真实的信息。"说真话"不仅是被誉为现代公共关系之父的艾维·李所倡导的核心理念,也是高校公共关系的安身立命之本。真实性原则有助于造就一支高素质的高校公共关系队伍,有助于增加公众对高校的信任,有助于树立良好的高校形象,有助于净化社会环境,最终将有利于高校的生存与发展。真实性原则应贯穿于高校公共关系活动的全过程,从前期的调查研究、公共关系方案的制定、公共关系策略的实施到公共关系效果的评估,都应坚持真实性原则,实事求是。调查研究中坚持真实性原则,能使高校获取准确信息,全面客观地掌握实际情况,为高校公共关系工作的有效开展奠定坚实的基础;方案制定中坚持真实性原则,能使高校从实际出发,避免造成不必要的损失;策略实施中坚持真实性原则,能有效防止偏离正确方向,提高高校公共关系的有效性;效果评估中坚持真实性原则,能客观地评价高校公共关系活动的真实状况,有利于指导未来的高校公共关系实践。

(二)互惠性原则

高校公共关系的互惠性原则,是指在开展高校公共关系工作中,对关系各方利益的维护和增进。利益是人际交往的基础和根本出发点,也是高校与其公众之间关系建立与维系的内在动力。高校与其公众之间彼此互动、相互影响、互为前提，因此，其利益关系也必然是互惠的，如果一方的急功近利破坏了利益的双向平衡性，则必然导致高校公共关系失去活力，使组织遭受挫折。高校要实现既定的组织目标，必须协调与其公众之间的利益关系，寻求双方利益的有机平衡，营造和谐的社会环境，这是高校公共关系追求的最高境界。在开展公共关系活动中，高校应高度关注公众利益，警惕因过度追求高校自身利益而损害与其利益息息相关的公众利益，但也切忌因完全迎合公众需求而违背大学精神，应兼顾社会利益、公众利益和高校利益，在利他中实现利己，以利己促进利他，实现利己与利他的和谐统一，实现双方的互惠互利。高校公共关系的互惠性不仅能促进高校、社会与公众的多赢，而且能使高校赢得公众的信任、支持与合作，有效地减少或避免危机发生，为高校发展扫清障碍。

（三）双向性原则

高校公共关系的双向性原则，是指高校公共关系手段——传播的双向性，即高校与其公众在平等的关系状态下的双向传播与沟通。公共关系的传播手段经历了从单向传播向双向传播、从双向非对称传播向双向对称传播、从线性传播到网状传播的发展历程，逐步走向成熟。双向性是高校公共关系的基本原则，是双方根据各自需求，能动地对传播和反馈的信息做出反应，在互动交流中取得一致，达成共识。高校与公众的双向交流和互动能使信息传播更加准确、完善，提高信息传播的质量，有效消除沟通障碍。坚持高校公共关系的双向性原则,一是要树立平等意识,摒弃唯我独尊的观念,否则双向传播与沟通将成为一纸空文。二是要广开传播渠道,创设沟通环境,广泛接受公众反馈,促进彼此间的有效沟通。如果说信息的传递过程是信息的分享过程的话,信息的反馈,则是信息的回流,即信息经由接受者的领会、理解,通过某种方式,将自己的意见和态度按照原来传递路线相反的路径进行'逆传递'反馈,构成了传播沟通互动循环的过程。三是要疏通传播渠道,确保信息传递和反馈的方便、快捷、高效。

(四)公开性原则

高校公共关系的公开性原则,是指高校允许公众对高校运作状况,特别是对涉及公众切身利益问题的决策程序有知晓、参与、评价的权利。在高校不同的发展时期,高校公共关系的公开性原则均发挥着重要的作用。在高校常态的发展中,坚持公开性原则,提高透明度,能树立良好信誉,有效提升高校的公信度;在高校发生危机时,坚持公开性原则更为重要。

(五)预防性原则

高校公共关系的预防性原则,是指对高校公共关系危机的有效预防。虽然公共关系在高校临危之时会大显神威,但其最高境界不是"救火",而是"防火",即"防患于未然"。神医扁鹊曾深刻地揭示了这一道理。魏文王曾问扁鹊:"你们家兄弟三人,都精于医术,到底哪一位医术最好呢?"扁鹊答道:"长兄最好,中兄次之,我最差。"文王吃惊地问:"你的名气最大,为何反长兄医术最高呢?"扁鹊惭愧地说:"我扁鹊治病,是治病于病情严重之时,所以一般人以为我的医术高明,名气因此响遍全国。我中兄治病,是治病于病情初起之时。一般人以为他只能治轻微的小病,所以他的名气只及于本乡里。而我长兄治病,是治病于病情发作之前。由于一般人不知道他事先能铲除病因,所以觉得他水平一般,但在医学专家看来他水平最高。"扁鹊的答案体现了高校公共关系预防性原则的重要价值。和谐的公众关系的建立和维系绝非一日之功,需要长期扎扎实实的努力,尤其要避免公共关系危机的出现。虽然恰当的公共关系危机应对并不会对高校——公众关系造成严重损害,但如果永远只是出现了危机再去处理肯定是不利于高校公共关系的长远发展。因此,高校在开展公共关系的过程中,应坚持预防性原则,着力"治病于病情发作之前"。总之,对高校公共关系基础理论的解读,有助于明晰高校公共关系是什么、有何特征、能做什么、应坚持何种原则等一系列基本问题,为进一步研究奠定了坚实的基础。

第四节　公共关系传播的重要性

公共关系传播的主要对象是个人、社会组织和社会。它直接作用的对象是社会组织,随之将对该组织相关的个人和社会产生间接的作用。

一、直接作用与间接作用

(一)公共关系的直接作用

公共关系的直接作用是指公共关系工作对其直接指向的

对象所发挥的工作效用,也是对社会组织和公众的作用。

第一,作用的对象是公共关系直接指向的对象,不经任何中介。

第二,公共关系的主体属于作用对象的一部分。也是公共关系活动中受影响的对象。如内部公共关系。

第三,公共关系的这一作用是社会组织有意设计的功能,是为人们所理解、所追求的、是显性的作用。

(二)公共关系的间接作用

公共关系的间接作用,指公共关系对其作用对象间接发生的工作效用,主要指对与公共关系活动有关个人和社会产生的影响。

第一,公共关系活动的对象,不是公共关系直接指向或作用的,而是通过某个中介产生的隐性的、间接的影响。

第二,公共关系主体与作用对象基本不一致。

第三,公共关系间接作用,往往不是经过社会组织有计划设计的。

第四,公共关系间接作用不是公共关系的主要作用,它是隐性的,是逐步为人们所认识和理解、注意的。但随着公共关系生态理念的发展和实践的精细化也会逐步列入公共关系策划的工作项目当中。

二、公共关系传播的重要性

(一)有助于监测组织环境,收集管理信息

监测组织环境是指观察和预测影响组织目标实现的公众情况和其他社会环境变化情况。组织环境由它的公众以及其

他影响社会组织生存发展的社会政治、经济、文化等因素组成,并且是不断变化的。社会组织要适应这种环境变化,必须严密观察环境,对环境变化做出科学预测。公共关系工作就负责收集提供环境信息,帮助社会组织预测环境变化,使组织保持清醒的头脑,从而合理制定、调整组织目标。一般情况下组织环境信息有以下几个方面:公众需求信息、公众对产品形象和服务形象评价的信息、公众对组织形象评价的信息、有关公众的信息、其他社会信息等几个方面。随着全球化的不断深入,国内外政治、经济、文化、科技、社会结构等方面的重大变化,都可能直接、间接地影响每一个社会组织,因此,社会组织要尽可能收集更多信息,把握时机、预测未来、未雨绸缪[①]。

(二)有助于参与制定目标、辅助组织决策

组织目标是社会组织赖以存在和运转的前提,组织目标的确定来源于两个方面,即组织需求和社会需求。由于公共关系担当监测组织环境的信息工作,因此,对准确把握社会需求和组织需求拥有信息资源优势,可以帮助组织确立较为正确的目标。在辅助组织决策方面,公共关系工作具有优势。首先,是帮助组织获取决策信息;其次,帮助组织确立决策目标。现代社会组织决策日益专门化,整体决策目标往往被分解为职能部门的专门目标,难以从全面和社会公众的角度去考虑决策目标。因此,需要公共关系部门站在公众和社会的立场对各部门决策目标进行综合评价,敦促有关当局或决策部门,依据公众需求和社会价值及时修改可能导致不良后果的决

---

①李荣,曹丽萍. 公共关系学[M]. 武汉:华中师范大学出版社,2017.

策;再次,帮助组织社会拟定决策方案,把目标和组织理念和公众需求与具体措施相连接,保证组织决策的科学性;最后,公共关系一方面要帮助组织成员理解决策方案;另一方面还需要把实施过程和效果与公共关系要求相对照,进行观察、分析、评价、反馈,帮助有关部门和员工做出及时调整,同时为新的决策提供信息。

(三)有助于科学设计策划、塑造组织形象

当社会组织切身感到现有组织形象的存在和影响,认识到组织形象建设的重要性时,就会根据组织形象的现状和自身组织目标,科学研究组织形象的产生、形成和发展的内在规律,加强对组织形象建设的科学管理,积极策划组织形象,从而为公共关系的开展打下坚实的基础。对社会组织形象的科学策划,主要有 CIS 战略组织识别系统、CS 战略(顾客满意战略)等策划方法。

(四)有助于沟通协调关系,处理公关危机

社会组织既要通过各种传播渠道与组织内外部的一切相关公众互通信息,还要以此为基础谋求与他们的情感融洽、思想共识、利益同享的合作行为,这是公共关系中的一项重要的常规工作,即沟通协调关系。在这项工作中包括了信息工作、传播工作、谈判工作、项目合作、策划与实施等不间断的一系列创造性工作任务。

与此同时,社会组织还会遇到公共关系危机。所谓公共关系危机是指突发的,严重影响社会、公众和危及社会组织生存,可能造成人与自然、人与社会关系危机的事件。公共关系

危机的发生可能产生于沟通协调关系的公共关系工作当中，如沟通不当、传播误导，也可能产生于其他原因如自然灾害等。在公共关系危机的处理中，需要大量的沟通协调关系的工作。一个社会组织的生存发展，从来就是处在各种危机的可能之中。一定程度上说，任何社会组织都是在不断克服各种危机的过程中成长和壮大起来的。所以危机关系处理也是公共关系的一项重要职能。

第三章 高校形象建设的主要成分研究

第一节 高校形象及其构成要素分析

我们已经进入了形象时代,进入了形象制胜的时代。形象决定一个组织的生存和发展,决定着个人事业的成败。高等院校也同样是这样。因此,作为扎根高校、服务高校的高校公关教育以及从事公关教育的教育工作者,应该把塑造良好的高校形象作为责无旁贷的大事,放在突出重要的位置上,并塑造好教育工作者的群体形象。作为学习公关的大学生,更应努力塑造好自己的形象,并以大学生群体的良好形象展示学校的风采。高校领导作为学校形象的代表,更应带头塑造领导的形象并做好学校整体的形象塑造,促进高等院校的建设和发展。

一、形象制胜时代

科学准确地理解形象的概念,应该从主体、客体和主客体关系三个维度对其进行界定。就主体即客观存在的人或事物本身而言,形象是人或事物由其内在特点所决定的外在表现;就客体即人或事物的观察者、反映者、思想者而言,形象是人们在一定条件下,对他人或事物的总体评价和印象,人是形象的确定者和评定者;就主客体关系而言,形象是人们在一定条件下,对他人或事物由其内在特点所决定的外在表现的总体印象和评价。从这个意义上讲,形象实质上是关系的反映,是在一定条件下的人和人、人和物的关系。公共关系是社会组织与公众的关系,实质上是人与人的关系,故而,形象对于组织与个人都具有非常重要的作用。

(一)我们已进入形象时代

随着信息化、全球化背景下国际分工的加快,人们更加重视城市形象、地区形象、政府形象。形象在经济社会中,占有越来越重要的位置。人们从来没有像今天这样重视形象的价值和魅力,从某种意义上讲,对形象的塑造和追求已成为维系个体、群体、组织乃至大到国家的生存和发展的基本目标和手段,形象化的触角已延伸到社会政治、经济、文化生活等各个角落。可以毫不夸张地说,人类已进入了形象时代。

(二)形象的制胜作用

如今,经济学界提出了形象经济,即形象在经济运营中的制胜作用。时代变了,观念变了,企业经营管理者的思想也必须改变。在工业化时代,人们关心的是产品的功能、价格和质量;今天已进入信息时代、知识经济时代,信息与经济能非常迅速且较充分地满足人们生产与生活的需要,它使企业之间的产品技术、功能、价格和质量相差无几。那么企业之间的竞争靠什么?企业形象和代表企业形象的品牌是当今企业实力的根本标志,是企业重要的无形资产。网络与数字技术的应用,对企业形象的建立具有决定性的作用,是它使企业形象和品牌威力最大限度地影响公众。也正是这种以品牌建设为主体,以企业文化为核心的形象经济,使某些具有良好形象的企业一赢再赢。成功的企业在形象建设中,非常重视以人为本,为公众利益服务,即企业必须承担道德重任,强调企业必须具有道德价值,做到利己与利他的统一,把尊重他人的正当利益与社会整体利益作为实现自身利益的必要手段和内在约束。今天的社会组织,只有坚持以人为本的理念,树立形象,探索和掌握潜意识存在的机制,了解顾客潜意识的心理作用,企业才能发现和掌握激发消费者动力的这把金钥匙。

(三)塑造高校形象的紧迫性

所谓高校形象,是指高等学校内在素质和外在表现在公众心目中的总体印象和评价,是学校在长期建设与发展中形成的多方面的综合体现与反映,包括教学、科研、管理、设施、环境、学校文化等。它源于学校组织的表现,是普通高校客观现实的外在评价。它是学校在与现代社会、社会公众、竞争对手进行物质、能量和信息交流中形成的,并且是不断变化和流动发展的。高校形象的确定者、评价者是内外部公众,它是社会对一所学校的全部看法和评价的整体要求与标准。高校形象虽是一个抽象概念,但通过各种物质的、社会的、精神的表征作用,形成公众对学校的形象感受,可转化为一种客观存在的、具体的、有价值的实体,转化为现代学校存在与发展的一种外在力量,一种吸引力与竞争力。高校形象建设状况直接决定着教师队伍素质、学生生源质量、教育质量、学生就业层次等,决定着社会对学校的认可度、支持度,是学校的一项无形资产,形象塑造已成为高校建设的当务之急。

二、高校形象建设的重要性

高等院校的重要地位决定其必须重视形象塑造,坚持科学发展观,创建和谐校园,完成肩负的历史使命。对于一所走向国际化、市场化的现代化大学来说,必须关注学校的形象力。高校形象关系到学校的生存和发展,良好的形象是大学实力与素质的体现,是赢得社会肯定和公众信任的基础,是吸引人才和生源的重要前提,更是增强师生凝聚力、向心力、自豪感、认同感的重要因素,是学校的无形资产和宝贵的精神财富,可创造良好的社会效益和经济效益。高校的形象建设,既有重要的现实意义,又有深远的历史意义。

(一)良好形象可确保使命完成

高等院校在一个国家发展中具有重要的战略地位,这一点与当今世界上的认识是相同的。联合国教科文组织提出,在今天的时代,知识的生产决定一个国家的前途和命运,作为知识中心的大学,将越来越重要。在人类历史上,一个国家的实力高低从来没有像今天这样更多地依赖于高等教育。可以这么说,综合国力越强的国家,对高等教育的重要性越是有深刻的体会。卡斯特斯教授,曾对高等院校在现代社会发展中的作用进行系统详尽的论证,他把大学称为知识经济发展的动力源。他明确指出,如果说知识信息是新的世界经济中的电流,那么大学就是产生这种电流的发动机。目前,世界上许多国家都已经认识到高等院校在国家经济社会发展中的极端重要性,我国更是把高等院校摆在科教兴国和人才强国的重要地位,其担负着为国家培养人才的使命。我们必须创造性地建设我国高校的良好形象,才能担负起如此重要的历史使命。

(二)良好形象可促进高校发展

高校形象建设对高校的发展具有非常重要的价值。第一,高校形象具有标志意义,一所大学,它的层次、地位、成就、师资、学科与专业,这所学校的精神高度与事业高度,都可以通过形象得到最集中的反映。一所大学是通过自己的良好形象展示给社会、世界,它具有非常重要的集中的标志性意义。第二,高校形象建设具有全局性、综合性的特点,对高等学校的自我发展,有战略性的意义。通过形象建设,会让我们综合考虑一所大学的目标定位、发展路径、资源优势、前进方向。第三,高校形象建设是高校实行规范化、科学化管理的关键。高等学校涉及学科建设科学研究、人才培养、队伍建设、资源配置、社会化服务等,无论高校的管理多么纷繁,无论高校的任务多么艰巨复杂,但是只要把形象建设做好,各项工作就可以统一起来,协调起来。第四,高校形象建设,是当前回应政府、社会与民众对高校期待的一种互动之举,是办好让人民满意教育的实际行动。高校目前成为社会舆论当中的一个焦点,如此众多的社会关注,使高校师生深深地意识到,必须塑造好自己的形象。

(三)良好形象可积极应对挑战

我国高等教育市场,从总体上来看,目前已显露出其卖方与买方兼具的双重市场性质,是一个处于正在开始从卖方市场向买方市场快速转变的阶段。一方面,相对有限的高等教育资源与巨大的市场需求相比仍稍显不够,现有各种高等教育形式的产出能力与国家发展的需要之间还有一定的空间。随着改革的深化,我国已初步形成了多种体制、多种形式、多种层次的高等教育体系,不过其市场化运作程度还是可以进一步加深的。因此,从这方面来说,我国高等教育市场仍是"卖方"市场。另一方面,随着毕业生就业的市场化运作等制度的实施,在多种教育方式并存和高等院校大规模扩招等因素的推动下,人们对高等教育进行选择的机制已经从根本上启动了。这种机制为学生与社会选择上学、选择学生、选择高校加盟与合作等提供了较大的自由空间,特别是受社会主义市场经济观念和市场行为规则的熏陶与直接影响,人们对高等教育的选择已不仅是一种可能,而是一种日益普遍、快速增长着的事实。这种事实使一些高校很快就被推到了一个与之前不同的领域——高等教育的"买方"市场之中了。这个市场虽然还是局部性的,但其来势汹汹,发展迅猛。与此同时,国内高校人才市场的竞争,国际高校间人才市场的竞争也已如火如荼地展开。在这种状况下,高校的形象问题便成为高校生存与发展的直接关联因素。塑造良好形象,在形象竞争中占据有利地位成为高校摆脱困境、谋求更好发展的根本出路。良好的形象可以使高校更积极地应对这种挑战,在激烈的人才市场竞争中取胜。

(四)塑造良好形象可创造更大效益

良好的形象对一所高校来说不仅是无形资产、宝贵的精神财富,还可以形成"洼地效应",起到积聚能源的作用,产生良好的经济效益和社会效益。所谓"洼地效应",在经济学中是指资金会向交易成本低的地方集中,如同水往低处流一样。高等学校的公众对象涉及四个方面:①权利角度,主要有地方政府、上级教育主管部门、金融部门、新闻媒体等。②供应者角度,主要有提供师资的高校、研究机构,学生家长,普通高中与职业高中等。③竞争者角度,主要指其他相似学科设置的兄弟院校等教育机构。④消费角度,主要指学生的就业单位。一个具有良好形象的高校,就会形成资金流、信息流、技术流、物资流和人才流聚集的"洼地效应"。这些都可以变成巨大的社会效益和人才效益。

三、高校形象的构成要素

随着社会对教育事业发展需求的进一步提高,教育改革的不断深化,高校面临着整体提升办学质量和水平的挑战。求生存、求发展是每所高校都面临的现实问题。无论是基础较好的重点学校,还是基础薄弱的一般高校,都需要在激烈的竞争中巩固发展自身的优势,形成自己的特色,使自己立于不败之地,都需要思考在社会、公众中如何树立自身良好形象这个重大问题。因此,在高等院校树立形象意识,塑造良好形象,实施品牌战略对高校来说是一项重大战略任务。通过提升师生员工整体素质来提升高校形象,用高校整体形象来增强其综合实力和竞争实力,为高校改革发展提供持久动力,是推动高校自主发展的重要措施①。

(一)高校形象塑造的基本原则

高校形象塑造的主要原则有以下五条。

1.和谐统一的原则

和谐是中国共产党领导人民不懈奋斗的目标,和谐社会是中国特色社会主义的本质属性,是国家富强、民族振兴、人民幸福的重要保证,是全国各族人民的共同愿望。和谐兴校既是高校形象建设的重要指导思想,又是高校形象建设的目标和具体体现,要做到形象塑造与和谐发展的有机统一。

2.知名度和美誉度统一的原则

良好的形象是知名度和美誉度的有机统一。美誉度是知名度的基础。无知名度就不能有效地开拓人才市场,无美誉度就无法牢固地占领人才市场。知名度和美誉度的协调才能使得人才市场问题和竞争问题都不再是问题。知名度主要靠宣传和公众沟通来实现,美誉度则是实实在在做出来的。不宣传、不沟通,无人知晓,公众难于了解;做得不好,别人不认同,公众不支持。名气足够、实际做得不好是有害的和危险的;名气不足、事实上做得好是管理上的一大缺憾。高校形象塑造应努力寻求二者的协调统一,使其相辅相成。

3.同一性与差异性并重的原则

市场竞争的有效性和秩序性的根据,在于市场的可分割性质或细分化属性。高校面对人才市场的形象塑造,必须在人才市场细分的基础上将自己准确地定位,发挥自身的优势和

①马国燕.社会化媒体背景下的高校形象管理研究[D].武汉:武汉理工大学,2015.

长处,凸显与众不同的独特形象,以差别取胜。就一个学校的形象塑造的内部师生来说,必须做到内外一致,以避免出现不同时期、不同部门、不同方面的形象塑造工作相左,不能发挥其应有的作用。高校形象塑造必须使其每一个努力都同时具有对内的同一性与对外的差异性的双重性质。

4.内外兼顾的原则

形象塑造属于公共关系的范畴,公共关系是内求团结、外谋发展的科学与艺术。高校的员工、学生和各职能部门、机构既是高校对外塑造形象的主体性参与者,又是高校的内部公众对象。高校良好的内部形象是高校凝聚力、向心力和战斗力的源泉。因此,良好的内部公众形象既是高校良好形象的重要组成部分,又是高校对外塑造良好形象的基础和根本保障。所以,高校形象的塑造要内外兼顾,通过苦练内功,增强对外的战斗力,同时要做到外在的形象与内在的真正核心的、有价值的东西表里一致、名副其实。真正做到表里一致、内外统一,体现诚信的公共关系职业道德。

5.阶段性和长期性相结合的原则

高校形象是高校生存与发展的战略问题。高校良好形象的塑造与保持必须根据形势的变化,通过长期不懈的积淀与提升才能够实现。遇到问题才被动地临时补救的做法是不能从根本上解决问题的。高校形象塑造应该在自觉的长期战略规划的统领中不断分阶段逐步推进,以实现高校长远发展目标。

(二)高校形象的内涵

高校形象有其自身的三大特点:一是相对于其他社会组织而言,学校所特有的功能定位和组织特征。二是相对于中小学而言,高等院校所特有的功能定位和组织特征。三是相对于其他高校而言,某一所高校所具有的特殊的目标定位,价值追求和风格特征等,它是一种既有普遍性,又具有特殊性的形象塑造。因此,高校形象要具有以下标志、内涵及特征,才能直接导致社会公众对其形象的感性认识和理性判断。

1.高校形象的重要标志

第一是以培养高级专门人才为根本任务。高等院校是从事大学专科、本科和研究生教育的,最重要的评价指标是输送人才的数量和质量。高等院校一定要以教学和科研为中心,并将人才培养工作视为神圣职责;高水平的大学也必须以高质量的教育教学水平并能培养出高规格优秀人才为第一要务。大学生成长、成才的摇篮和高级专门人才培养的基地,这是高等院校形象的第一个显著标志。

第二是高级知识分子汇聚和发挥作用的科学殿堂。教师队伍不仅要学历高,而且具有高级职称的教授、副教授比例高,他们的知识理论、文化、技能水平高,承担着培养高级专门人才的重任,而且其中一批教师成为学校和社会公认的大师,有较为广泛的知名度和美誉度。大家云集、名人济济是高等院校的另一个显著标志。

第三是对社会进步与经济发展贡献大。高等院校所创造的新知识、新科技、新发明以及学术科研论著数量巨大。推动社会经济、政治、文化的可持续发展,推动社会多方面进步与和谐关系建设。同时,高等院校学术自由、科学民主、兼容并重等优良研究传统以及创新精神、作风与成功经验,蓬勃向上、持续发展的态势等,同样必然影响社会,使社会更加重视高等院校所担负的使命。这种社会地位是高校的重要标志。

2.高校形象的要素构成

一所高等院校的形象是其内在素质和外在表现在社会公众心目中的总体印象和评价,是高校长期建设与发展形成的多方面的综合体现与反映。它的要素构成应包括教学科研、管理、设施、环境、教师水平、人才质量、大学精神和校园文化等。高校形象建设是一个系统工程,具体可分为内在精神和外显事物两大方面。内在精神包括办学指导思想、大学精神、办学特色、管理思想、创新精神、教风与学风、校园文化等。外显事物包括师资队伍、学生生源、育人质量、学科建设、专业建设、学校设施、校园环境、学校标识、教学成果、毕业生评价等。在这些要素构成中最为重要的,有以下四个方面。

第一,要有明确的办学指导思想。学校的办学指导思想由学校的领导层设计确定,它对学校的建设和发展具有特别重要的意义。办学指导思想不是抽象的,它是在长期办学过程中形成的,它具体体现在学校的各项工作中。确立一所学校的办学指导思想,主要看学校的定位及办学思路等。"学校定位"主要是指根据经济和社会发展的需要、学校自身条件和发展潜力,找准学校在人才培养中的位置,确定学校在一定时期内的总体目标,培养人才的层次、类型和人才的主要服务面向。"办学思路"主要由学校的教育思想观念与教学工作的中心地位构成的。学校的一切改革离不开思想观念的转变,办好一所学校,必须要有正确的教育思想观念,即对高等教育有一个宏观的、理性的认识以及具有正确的教育价值观、人生观、质量观等。教育思想观念要具有时代特征,要随时代的进步而不断转变;另外,高等学校的中心任务是培养人才,人才培养的中心环节是教学工作,教学工作始终是学校的中心工作。学校形象建设过程中要做到:党政领导重视教学工作,经常研究教学工作,并能深入教学第一线进行调查研究,解决教学工作中的问题;要正确处理人才培养教学工作与其他工作的关系;对教学的经济投入要处于优先地位,并有稳定的来源;学校的各职能部门要紧紧地环绕育人进行工作,并能主动为教学服务;学校的各项政策和规定都能体现对教学和科研的重视。

第二,突出大学精神与大学文化。大学精神是大学形象之魂。大学之大不仅是它的规模之大、校园之大,更主要的是其内涵之大、精神之大。其表现为思想上的巨大包容性,大学是思想库,是社会发展的知识源泉,具有博大的胸怀,海纳百川。大学的学问之大、责任之大,形成了一种视野广阔、兼容并蓄、富于创造的治学思想、学术传统和教学、科研风格。大学长期积累,沉淀形成自己的一套价值观,思维方式,这就是大学精神。作为一所大学,其大学精神是大学集体智慧的结晶,可以更好地促进大学的形象建设,对大学生的培养乃至其一生的成长都会产生长久深远的影响。大学精神是立校兴学的宗旨,是师生立身处世、从教求学的规范。大学精神渗透在学校的学术思想、研究方面、学习风气及工作态度之中,无时不在、无事不有,师生时时受其熏陶,起着支撑精神世界的作用。

大学精神的载体是大学文化。大学精神能铸造出独特的校园文化，而独特的校园文化又能弘扬学校的个性，培养大学精神。校园文化又是承载着大学价值原则的集合，以其无形的控制力、感染力、凝聚力，规范着师生的思想作风和行为倾向，从而形成高校的历史传统，外化成生动的人文景观，营造它独特的大学文化，最终积淀为世代传承的大学精神。文化是无形的，任何有形的东西只能占领有形的空间。如何发挥大学精神的作用？大学精神以及其载体校园文化是大学传统的表现形式，是理想和情感交汇的表现形式，它是在较长的办学历史中养成的，一旦养成就具有相对的稳定性，一旦养成就要大力研究它、阐述它、宣传它，广大师生就应该理解它、践行它、弘扬它，使它变成巨大的精神力量、宝贵的精神财富。

第三，强化特色建设。办学特色是指学校根据其所具备的优势条件，经过长期的办学实践过程中逐步积淀形成的优于其他学校的、独特的、优质的、稳定的、具有鲜明个性特点并为社会所认知的办学风貌或教育风格。特色在办学理念上是办学主体对教育规律认识的深化和弘扬。在现象形态上，"特色"往往是一所学校历史上独有品格的凝聚，是现实独特风貌的体现，它显现大学师生主体理想上的追求、视野上的独到、精神上的锐气、学术上的奋进。因此，特色就是精华，特色就是质量，特色就是活力。办学特色是现代教育思想和先进办学理念与本校实际相结合的产物，是一所学校办学经验趋于成熟的标志，是提高办学水平的重要途径。一个学校的品牌来源于特色，学校的优质风貌是逐步形成的，为社会所公认，由此形成品牌。品牌是将潜在优质风貌显性化，其隐性要素，如文化、个性、价值，就是其主要特色，并通过实践表现出来。

第四，注重外显要素建设。学校的物质环境、文化环境，现统称为校园环境，是学校形象重要的外部显现。物质环境包括建筑、设施、绿化等。文化环境包括文化设施、誓言标牌、形象标识等。其功能是使学校成员受到文化熏陶和精神感染。文化设施是指那些体现校园文化传统、突出思想审美、重视德育潜移默化教育作用的雕塑、壁画、宣传栏、黑板报、画廊、广播电视、办学成果展、师生作品展、校报、校刊等。良好的校园环境卫生不仅有利于学校成员陶冶情操、美化心灵、启迪智慧、规范行为、丰富精神世界，为学校成员的智力生活和精神生活提供丰富的源泉，激励学生自我认识、自我提高、自我参与、自我管理，从制度管理转向责任管理，变他律为自律，激发起蓬勃向上的朝气，从而提高学校成员的素质，培养其热爱学校的情感，而且还能向外显露学校的生命力，影响社会公众对学校的直觉印象和评价，唤起社会对学校的信心。校园环境的构建必须坚持整体性、科学性、教育性的统一，体现为教育发展，为学校和学校成员发展服务的宗旨。具体地讲学校的校园环境应该达到绿化和美化的要求；学校建筑物的布局和教学和科研用房的装饰应该合理、美观；学校的标志应该有自己的特色等。

(三)高校形象的特性

高校形象建设作为一项系统工程具有一系列的特性：①系统性。一个完整的高校形象设计是一个系统，具有整体性、结构性、综合性历史性。②统一性。尽管高等学校形象设计确立的系统反映内容不同,但它们之间具有广泛的统一性。具体表现为学校理念与视听传达的协调性,学校的办学宗旨与其精神文化的和谐性,教学和科研水平的平衡性,师生员工形象与学校整体形象的一致性。③独特性。表现为区别他校的差异性,这种差异表现为内容上的差异性、形式上的特殊性。只有个性化,独具风采,脱颖而出,在竞争中独树一帜,才能便于社会公众迅速地从众多的信息中识别出学校,从而唤起人们对这个学校的记忆和关注。④操作性。这种操作性表现为:具有一套渗透宣传学校办学理念的具体方法,一套可具体执行的行为规范,一套能直观体现办学理念的视觉传达计划和方案。⑤动态性。设计中各部分的内容随着时间的推移都会相应地滚动变化。要随着学校发展外部环境的变化,而不断调整,适应时代的发展。⑥稳定性。学校形象一旦确立,在未来相当长的一段时间内,就必须作为高校的品牌长期保持和稳定下来。

第二节　品牌构建与高校形象

面对竞争日益激烈的市场环境,一所高校拥有良好的品牌形象至关重要,它关系到高校能否获得社会和政府的支持,学生和家长的信任,关系到高校能否继承和发展,良好的高校品牌形象是一所高校重要的无形资产,它能使高校的利益相关者产生强烈的认同和归属感。从而使高校产生一股强大的凝聚力和向心力,进而保证高校在激烈的竞争中不断发展和壮大。

CIS(corporate identity system)是指将涉及企业形象的一切因素包括企业的经营理念、企业的行为方式和视觉识别等进行全面的规划和设计,并通过主体方面的统一传达,塑造出富有独特个性的企业形象,以获取社会大众认可的企业形象战略系统。CIS系统最早开始于20世纪30年代,是当时企业进行企业形象设计、策划和传播的一种方法和策略,其最重要的目的就在于使企业的理念和形象视觉化、系统化和规范化,能向所有的目标群体化传递一种具有稳定性和一致性的信息①。

高校的形象识别系统是由企业形象识别系统引申而来的。一般而言,由三个主要方面构成:高校的理念识别系统、高校的行为识别系统、高校的视觉识别系统。三个方面由内而外构成了高校的品牌形象。高校形象识别系统的建立有助于高校利用各种社会资源发展自己,传递高校自身准确而一致的信息,帮助高校树立良好的形象,增强高校利益相关者对高校的认同感和归属感,最终实现高校跨越式的发展。

一、高校品牌的理念识别系统设计

高校品牌的内涵设计是高校进行一切活动的基础。高校品牌的内涵就是指一所高校所具有的文化内涵,即高校所具有的深刻的价值内涵。在市场经济条件下,品牌的运作和建立与价值规律密不可分,利益相关者的需求具有重要的影响,

①高颖.CIS在高校形象建设中的应用初探[J].文化创新比较研究,2019,3(23):91-92.

企业的运行必须以市场为导向,企业品牌的建立必须遵循市场的价值规律,相比较而言,高校品牌的建立有其独特之处。高校的主要功能是教书育人、是教书育人的场所,其品牌更主要的是建立在利益相关者的实际需要之上,受教育者在高校所接受教育的质量,直接反映了高校品牌的价值。所以,高校品牌的内涵建设不同于企业品牌的建设,不能始终以市场为导向。

高校品牌内涵的设计首先反映在一所高校的办学理念上,一所高校的办学理念突出地反映了一所高校的鲜明个性和高校的办学理念具有较强的影响力。它会直接而深入的影响高校的利益相关者,从而形成一所高校独具特色的文化底蕴,就一所高校而言,高校品牌的内涵设计主要体现在高校的精神、校园文化等多个方面。

二、高校品牌的行为识别系统设计

高校行为识别系统是高校理念识别系统的动态显现,高校的理念它不是一句口号,它必须由高校的全体教职工以及学生共同来实现。古语有云"听其言,不如观其行",因此高校的行为识别系统在现实的市场竞争中就显得尤为重要。社会公众、学生、家长往往都是通过高校的具体行为来认识和了解高校的。具体而言,高校的行为识别系统既包括对内高校的教学、科研、校园文化活动的规范,也包括对外服务、宣传、招生等方面的规范,高校行为系统几乎涵盖了高校全部的活动。

对内的行为主要包括:①国家的教育政策和法规的执行:国家的教育政策和相应的法规和高校某些具体的行为规范,

高校必须执行。②高校的规章制度:这是每个高校具体的行为规范,具体的涵盖了高校的基本纲领性文件,高校的规划性文件、高校的用人制度等。③高校的组织机构设置:做到以岗设人,岗位职责明确,人员分工明确等。

对外的行为主要包括:①高校的人际交往活动和专题传播活动。要正确处理好与制约组织和个人的关系,从而得到各方面对高校的支持。②妥善地处理好与高校有各种业务往来的组织和个人的关系。③正确处理好与其他组织和个人的关系。

三、高校品牌的视觉识别系统设计

高校视觉识别系统是高校品牌的静态表现。它将高校的办学理念、高校的组织文化、规章制度等较为抽象的概念外化为具体的符号。以规范化、一致化、标准化的方式,展现高校的特色、塑造高校的品牌。它是高校向外界传达高校理念和行为规范的高校外在形象的总和。其主要包含两大部分:一是高校外在的基本要素,如高校的校名、校徽、校标等。二是高校外在的标志物,如高校的室内外装饰、校服、高校的办公用品等。我们常说:"眼睛是心灵的窗户。"高校独特的品牌形象,可以给人以强有力的视觉冲击力和感染力。它可以引起社会公众对高校的兴趣,形成公众对高校的第一印象。例如,作为高校标志的校徽就必须以最简化的方式来传递高校品牌的文化内涵,以独特的构思体现高校的鲜明个性。

高校在进行视觉识别设计时,还要将高校的校园环境建设融入高校的品牌建设的主体中去,要在理念识别的指导下,结合行为识别,使整个视觉识别体系构建的更为和谐。

总之,在高校品牌形象塑造的过程中,要做好两个方面的设计,一个是高校品牌内涵的设计,一个是高校品牌的外延设计。在此基础上,构建好高校形象识别的三个系统:理念识别系统、行为识别系统以及视觉识别系统。运用统一的整体传达系统传递给大众,塑造高校良好的品牌形象,促使社会对高校产生一致的认同感和价值观。

第三节 公共关系传播与高校形象

公共关系经历了从无到有,从薄弱到成熟的历程。公共关系作为一门协调组织与其公众之间关系的科学与艺术,其最终目标就是为组织塑造良好的形象,引起公众的注意,赢得公众的赞赏和支持。包括高校在内的各种组织必须高度重视公共关系的功能,并加以充分、有效地运用以获取组织生存的空间,促进组织的蓬勃发展。

一、公共关系视角下高校形象管理的必要性

所谓高校形象,是指高等学校内在素质和外在表现在公众心目中的总体印象和评价,是学校在长期建设与发展中的综合体现与反映,包括教学、科研、管理、设施、环境、学校文化等。良好的高校形象就是一张鲜亮独特的学校名片,公众通过形象名片去了解、认识高校,进而理解、认同和支持高校及其决策、行为。基于公共关系视角的高校形象管理能更好地

内塑质量,外塑形象,协调学校与公众间的关系,使高校在竞争中处于优势地位。

(一)适应高等教育改革与发展的需要

近年来,高等教育飞速发展,实现了高等教育从精英化到大众化的转变,满足了人民群众不断增长的受教育的需求。高等教育发展从规模扩张转向内涵提升,人们迫切希望受到更加优质的高等教育。此种形势下,越来越多的高校不得不参与到市场竞争中,压力剧增。高校只有着力提升教育教学质量,打造学校办学特色,树立良好的学校形象与社会口碑,才能获得稳定的生源、良好的办学环境和大力的支持,在激烈的高校竞争中取得生存和发展的空间。

(二)满足现代信息化社会的要求

现代信息技术的广泛应用,从根本上改变了人们的生活方式、行为方式和价值观念,特别是随着全媒体的不断发展,信息无人不用,无处不在,社会公众对包括高校在内的社会组织的信息掌握更迅速更全面。同时,也要求高校的形象管理确保到位,做好正面网络舆情引导以及高校舆情危机公关,通过各种途径将高校的正面形象积极进行对内、对外的宣传。

(三)协调高校内外各种关系的突破口

在开放自由的现代社会,组织所面临的社会关系错综复杂,高校必须妥善梳理校内外各种关系,审时度势处理好与各方利益相关者的关系。高校运用公共关系的理念与方法,做好高校形象管理工作,加强同政府、上级主管部门、兄弟院校、行业企业的沟通与合作,获得学生、教师、家长、领导、同行等内外公众的信任与支持,从而为高校争取更好的发展环境。

二、基于公共关系视角的高校形象管理路径

(一)坚持高校内涵建设

高校具有人才培养、科学研究、服务社会、文化传承四大职能。如果高校不能很好履行其职能,形象管理就无从做起,脱离了内涵建设的高校形象就是无源之水,无根之木。首先,高校应明确办学理念,凝练办学特色,弘扬大学精神,以服务地方经济发展为思路,结合自身办学特点打造竞争力强的学科专业品牌,突出学校特色和亮点;其次,高校要明确人才培养目标,以人才培养为第一要务,切实提高教育教学质量,坚持立德树人,培养出德、智、体、美、劳全面发展的社会主义合格接班人;最后,高校应始终坚持走产教融合、校企合作之路,人才培养与科学研究要紧密结合社会经济发展需要,让学生在"做中学""学中做",增强学生动手操作能力和社会适应能力[①]。

(二)重视高校形象塑造

导入 CIS 管理理念,是高校在形象塑造过程中的必然选择,也是高校公共管理科学化的重要途径。高校在形象塑造中需注意其四部分的要领:一是高校理念识别(MIS),主要指一所学校的办学目标、指导思想、办学理念、办学体制和学校精神等,是学校最高决策层的价值取向。二是高校行为识别(BIS),是将组织理念转化为组织行为的物化过程。体现为学

---

① 杜晶. 基于公共关系视角的高校形象管理研究[J]. 管理观察,2019
(14):96-97.

校校纪、校训及各项规章制度,需要学校整体策划和规范执行。三是高校视觉识别(VIS),它是将组织标识符号化、视觉化的传播过程,是CIS中比较形象直观的部分,如校徽、校牌、校旗、学校名称专用字体、学校标准色、学校办公用品、学校网站、校园建筑等,充分展现学校个性和风貌。四是高校听觉识别(AIS),是通过各种音响、音乐等媒体进行传播的特殊识别系统。比如学校名称、宣传口号或标语、校训、校歌等,注意要朗朗上口,同时与学校理念和精神等内容协调。

(三)协调高校内外公众关系

高校进行形象管理过程中,要协调好以下几方面的内外公众关系。一是要协调好与教职员工的关系。教师是高校的首要公众,是大学发展的核心力量,直接影响学校的形象和名誉。高校要畅通学校领导及教师的沟通渠道,教师能有效反映信息并得到及时回应与解决。二是协调好与学生及其家长的关系。学生及其家长是高校数量最多也是最重要的公众。高校要努力提高教育教学质量,关心爱护学生成长,给学生提供良好的学习环境和生活环境,帮助他们解决学业和生活中的困难,并且与学生家长良好沟通、相互支持。三是要协调好与政府和职能部门的关系。高校要自觉服从政府及主管部门的管理,积极完成各项工作任务,加强与它们的联络和沟通,为自己赢得认同和支持。四是要协调好与行业企业的关系。与行业企业保持良好的合作关系,为行业企业输送优秀的实习和就业学生,聆听行业企业对人才的需求,针对性的培养企业需要的人才。五是要协调好与兄弟院校的关系。积极开展与兄弟院校的交流与合作，分享自己的办学心得，学习对方的成功经验，促进优质教育教学资源共享。六是要协调好与社区公众的关系。高校要与所在地的企业和居民维护好关系，积极参与社区活动，提供一定的人力与物力支持，适时适地进行学校宣传，使得学校知名度和美誉度得到提升。七是要协调好与媒介公众的关系。学校要与媒体公众保持良好的关系，主动建立沟通互动的平台，邀请媒体参与学校的大事要事等活动报道，借助媒体力量将学校影响扩大。

高校形象管理是一项系统工程，绝不是一日之功，需要学校领导及师生充分认识高校形象的塑造对高校生存和发展的重要作用，强化公共关系视角下的高校形象管理意识，努力提升学校知名度和美誉度。

第四节　高校危机公关与品牌维护策略

高校危机公关中面对的"危机"是指在高校日常运作中，由于高校的变化或是社会上特殊事件引发，对于高校本身及其相关的服务、活动或者人物产生不良影响的事件。危机公关涉及对这一事件从发生到消除进行处理的各个阶段：建立强有力的危机处理班子，对危机发生和蔓延进行监控；执行相关的方针、政策，有步骤地实施危机处理策略；及时制止危机给高校造成的不良影响，尽快恢复高校形象，主动恢复内外部公众的信任等。

一、危机公关的处理策略

(一)即时反映

这也就是要讲究速度,在危机出现的最初一天内,各种相关消息会以裂变方式快速传播。而这时候,可靠的消息往往不多,小道消息往往充斥着谣言和猜测。因此,当危机发生时,高校的公关人员要迅速到达危机现场,果断采取措施,抢得时间,将危机减小到最低程度。具体来说:发现危机要及时;调查情况要及时;确认危机性质,控制事态发展要及时;制定处理危机的对策和方案要及时,危机处理后的善后工作要及时等[①]。

(二)勇于担责

危机发生后,公众会关心两方面的问题:一方面是自身利益的问题,这是公众关注的焦点;另一方面是情感问题,公众很在意高校是否在意自己的感受。作为公关主体的高校在处理危机中要做到真实、诚恳、责任分明,这是基本的态度问题。首先高校应勇于承担责任,对应负的责任决不推诿,用诚实来赢得公众与新闻界的理解与支持;其次,不能为了担心破坏形象而掩盖真相;最后,迅速提出善后工作意见,让受损公众放心。

(三)真诚沟通

网络、短信传播的快速发展,使得公众获取信息的渠道日益多样化,坦诚真实地在第一时间告知公众所发生的事情,有利于避免高校陷入被动的地位。积极的态度是公关人员赢得时间,争取主动的内在心理动力。一旦危机爆发,公关人员应

---

①陈光.高校突发事件应对策略论[M].北京:光明日报出版社,2011.

理智地看待客观事实,抱着负责和达观、向前看的态度去处理。高校要建立新闻发布机制,做到信息互通,公开透明。另外,危机是一柄"双刃剑",尽管出现危机事件对高校不是件好事,但它同样是高校宣传自我形象的良机,以真诚的态度认真对待、积极沟通,就能变不利为有利,变被动为主动,为重新树立社会高校的形象争取机会。

(四)兼顾整体

危机来临时,高校和个人往往会陷入紧张、焦虑、恐慌。作为实施危机公关的高校,首先要保持镇定及时采取危机预案,进入危机管理的状态;其次要迅速统一观点、稳住阵脚、万众一心、共渡难关,避免顾此失彼;再次,要组建班子、专项负责。一般来说,在危机预案中应事先确定危机处理的工作班子,一旦危机发生,高校人员要迅速到位;最后,借助外力、争取支持。当危机来临时,高校应充分和政府部门、行业协会、企业及新闻媒体配合,联手处理危机。一方面众人拾柴火焰高;另一方面可以增强公信力、影响力。

(五)提高信誉度

危机发生后,公众会对高校产生疑问,若高校的反应难以说服公众,就会导致公众对高校的不信任。在这方面,高校可以采取的措施有:一方面,主动出击,公布真实的情况,表明真诚的态度,可由高校的高层管理人员出面与公众进行沟通,显示对事件的重视和克服困境的决心;另一方面,可采取"曲线救国",请重量级的第三方权威机构到前台说话,使公众解除警戒心理,重获他们的信任。

二、品牌维护策略

（一）品牌严格管理策略

严格管理是品牌维护的重要手段。严格管理的重要内容是对品牌质量的全方位、多层次、多角度的管理。目前学校一般用全面质量管理这一先进的管理方法来对品牌进行严格管理。全面质量管理是20世纪60年代出现的一种全新有效的现代质量管理模式和理念，它是指"一个组织以质量为中心，以全员参与为基础，目的在于通过让顾客满意和本组织成员及社会受益而达到长期成功的管理途径"。高校应树立"质量是品牌的生命线"的理念，在实施全面质量管理时遵循持续改进、以人为本、系统规划的原则，并制定科学合理的质量发展目标，培养一批高水平的教师，规范学生行为，提升学生综合素质，从而学校赢得较好的市场美誉度。可见，学校实行品牌严格管理策略是适应市场发展、满足消费者需求、保证高水平教育质量的必然要求，也是高校提高管理水平和经济效益的内在要求。学校通过品牌严格管理，可以提升品牌的活力，保持品牌的生命力，从而增强了学校品牌的市场竞争力。

（二）品牌危机管理策略

所谓危机管理是对正常情况下预计不到，而且往往是突然发生又会对学校造成严重影响的事件进行处理。高校在其发展的过程中，不可避免地会遇到一些突发事件，这些事件如果不能及时有效的处理，有可能使高校苦心经营多年建立起来的品牌毁于一旦，从而严重影响到高校的生存与发展。学校品牌危机管理可以遵循以下程序。

1.积极预防

英国著名危机公关专家迈克尔·里杰斯特在《危机管理》一书中明确指出,不管对危机的警戒和准备是自发的,还是法律所要求的,危机管理的关键是危机预防。有效的预防可以降低学校危机的发生频率,而当危机发生后,也可以将危机的危害程度降至最小化。所以高校必须建立品牌危机管理体系和预警机制,尽可能避免危机的发生。

2.正视危机

当发生品牌危机事件后,学校管理者应端正态度,从思想上高度重视,而不能不闻不问,放任危机的蔓延,更不能封锁信息,掩盖事实真相。

3.及时处理

当学校发生危及学校品牌声誉的事件后,学校应坚持"协调现状,利于未来,谦虚自责,坚持原则"的危机处理方针。学校应实事求是,立刻展开调查,了解事情真相,并在第一时间通过召开座谈会、记者会、新闻发布会等途径向社会公众澄清事实的真相,以谦虚的态度真诚地接受外界的批评,在处理危机时要顾全大局,从而把危机对高校的影响降到最低程度。

(三)品牌法律保护策略

现代社会是法制社会,教育市场是法制市场。法律在维护高校合法权益、保护学校品牌上具有重要作用。高校管理者应树立法律意识,增强法制观念,用法律手段保护自己的品牌。比如,高校应将学校校名、学校简称等学校标志进行商标注册,通过法律手段保护高校的品牌,从而从法律层面做好学校品牌的维护工作。

第四章 高校品牌构建的现状分析

第一节 高校品牌构建的环境因素分析

高等学校是社会的重要组成部分,高校实施的品牌战略不是在真空中进行,其战略实施的成效必然会受到外部环境的影响。因此,要制定适应社会经济发展规律、符合高校自身实际的品牌战略,就必须要深入分析高校所处的外部环境,了解其现在变化的情况和未来的发展趋势,从中寻找可以利用的机会,规避可能碰到的威胁。高校外部环境因素分析包括宏观环境因素分析和环境分析的方法两个部分。

一、宏观环境因素分析

宏观环境因素是指对高校品牌战略的实施产生普遍影响的因素,主要包括宏观政治环境、经济环境、市场环境因素等。

(一)政治环境因素

政治是以经济为基础的上层建筑,是经济的集中表现,是以政治权力为核心展开的各种社会活动和社会关系的总和。政治环境对高等教育不但有着直接的制约作用,而且,这种制约作用几乎涉及高等教育的各个方面。高等教育所涉及的各种权利,高等教育事业发展的规模、速度,高等教育的总目标、各级各类高校教育的具体目标,国家教育制度、高校管理制度,教育内容、教育方法,无不反映出政治对高等教育的制约作用,并且这种制约作用是很大的。政治环境会直接影响高等教育的发展方向,它对高等教育的影响主要有组织手段、方针政策、法律法规以及思想教育等因素。

通过制定一系列方针、政策对高等教育实现领导:一个国家有什么样的政治制度就必然具有与之相适应的高等教育制度。这些方针、政策包括总的方针、政策,教育方面的方针、政策以及与高等教育相关的其他领域的方针、政策。高等教育作为社会活动总体的组成部分,必然要受到总方针、总政策的影响,这是不言而喻的。制定的有关高等教育的方针、政策,规定了高等教育工作总任务和性质。

通过教育影响受教育者的行为:直接对受高等教育者进行政治思想教育,以影响受教育者的政治立场、观点与态度,形成受教育者的公民意识和行为。高等教育活动与政治活动在这种情况下合二为一。其主要内容贯穿在高校教育中政治性的课程及各门课程中,尤其是人文学科中反映的政治、思想倾向。高校对学生的管理、道德行为规范方面的要求与训练等也属此类。高等教育领域的一切活动都受到一定的教育思想的主导,思想政治意识形态对高等教育的影响就是通过对教育思想的影响来实现的。由于一切教育活动都是由教育者组织的,教育者的政治价值、政治观念与政治信仰对形成和改变学生的政治价值与政治观念更具有极其广泛、极其深刻的影响力。

(二)经济环境因素

经济是社会存在的基础,高等教育作为一种社会现象,从它产生开始就不可避免地与人类的物质资料生产活动紧密地联系在一起,与人们的经济活动不可分割,其生存和发展也必然受到经济环境因素的制约和影响。高校人才培养的数量、质量和结构层次,主要的科研方向和目标,各种办学资源的筹措,学生对高校和专业的选择,无一不受到经济环境的制约。

1.经济发展水平决定了高等教育发展的规模和速度

高等教育需要大量的人力、物力和财力等社会资源,社会能为高等教育提供什么样的投入,主要是由社会经济水平决定的,是由当时的社会生产力决定的。

根据研究,高等教育发展程度可分为四类:①高等教育普及化阶段。②高等教育较发达阶段。③高等教育大众化阶段。④高等教育精英化阶段。

总的来说,社会经济的发展与高等教育发展的规模与速度成正比,即社会经济水平越高的社会,接受高等教育的人数就越多,受教育的时间就越长。这是因为经济的发展为人们接受高等教育的需求提供了满足的可能性。

2.经济发展的不同阶段规定了高等教育人才培养的规格

社会在不同的经济发展阶段上,其生产力的科技含量、社会分工的水平及经济结构是不同的,对人才的基本规格也就提出了不同的要求。在古代,社会生产对人才的要求相对较低,教育主要是各级各类的技术人才,对于生产和科技方面的知识并没有什么要求。在机器大生产时期,生产的技术性增强了,学校也重视对社会生产方面的劳动管理者中科技人员的培养。随着社会生产力和社会经济的不断发展,人才培养的规格也发生了相应的变化。世界大部分国家都要经历"农业化—工业化—后工业化"的发展阶段。新型工业化是由信息带动的、能够实现跨越式发展的工业化,是中国特色的社会主义工业化。以信息化带动高等教育的现代化,已成为高等学校实现跨越式发展的必由之路。高校不仅要根据信息化的要求改造或增设相关的专业,为国家实施信息化战略提供人力资源和智力支持,而且要着力改革人才培养的模式,以应对经济全球化对人才培养的挑战。

3.经济结构变化促进了高等教育结构的改变

经济结构指的是在一段时间内一个国家或者地区各种经济力量的比例构成和相互关系。而高等教育的结构指的是高等教育机构总体各个部分的比例关系及组合方式,包括高等教育纵向系统的层次之间的比例关系、相互衔接以及高等教育横向系统的类别与类别之间的比例关系、相互关系。从横向来看,高等教育包括学历教育与非学历教育;从纵向来看,高等教育包括专科教育、本科教育和研究生教育;从高等教育的性质来分,可分为普通高等教育和成人教育。经济结构影响高等教育结构变化的因素主要有三方面:一是国民经济的产业结构。二是社会收入分配结构。三是居民消费结构。社会经济结构的变化决定了高等教育中不同层次、不同专业、不同科类之间的比例关系的变化,合则就会导致人才培养的结构性失调,造成一些层次和类型的人才供不应求,而另一些层次和类型的人才供过于求。

(三)市场环境因素

市场经济体制是一种以市场为中心的资源配置手段,是与一定的社会生产力相适应的经济关系和经济制度。社会主义市场经济体制确立了经济效益的中心地位,它要求社会的各个方面都不能偏离这个中心,高等教育必须适应经济发展的需要,为我国经济的发展做出贡献。市场经济体制对高等教育的影响主要体现在以下几个方面。

1.市场的自主性要求高等学校自主办学

自主性,又称主体性,它是市场经济的一个基本特点和要求。商品生产者和经营者是市场的主体,他们遵循市场规律(供求关系、价值规律、竞争原则),在全社会的范围内进行资源配置,真正做到自主经营、自负盈亏和自担风险。现代社会制度下以竞争为本的经济,是自主经营、自负盈亏、自我发展、自我约束的经济,并且也只有努力发展自我,才能真正立足于市场。因此,高等教育为经济建设服务必须逐步建立起政府宏观管理、学校面向社会自主办学的体制,让高校享有充分的办学自主权,在国家统一的教育方针和计划的指导下,自主地实施教育、教学、科研以及其他活动,自主地配置人、财、物等资源以完成学校的发展目标,增加办学活力,促进教育创新,以适应市场经济体制自主性的要求。

2.市场的竞争性要求高等学校以质制胜

现代社会制度是一种参与市场竞争、适应竞争选择,以竞争求生存、求发展的制度。竞争是市场经济体制的本质要素。商品生产者和经营者密切关注市场动向,依据市场的供求关系,通过有效的供给和商品价格的变化参与市场竞争,以比对手更好地满足消费者的需求来获得更大的市场份额。从表面上看这是商品价格的竞争,实际上是商品生产过程中的效率竞争(高效率可以降低成本)、商品质量竞争和商品特色竞争。因此,高等教育必须将这种制度的竞争性表现在办学质量和办学特色之上,一方面要树立讲究质量效益与规模效益相一致的教育观念,正确处理数量与质量的关系,把提高质量放在第一位,不断提高人才培养的质量,要为社会拥有适应竞争要求的人才而有所作为;另一方面,高校要根据本校、本地实际,在办学的思路上强调特色立校,办出自己的特色,使整个高等教育的层次、类型结构更加合理,以自己的特色赢得竞争优势。

3.市场的多样性要求高等学校主动适应

多样性是具有自主性市场主体参与市场竞争的必然结果。众多的市场主体按照各自的经营理念、经营条件和经营方式进入市场,呈现出不同的经营方式,满足不同的社会需求,并在满足需求的过程中不断地挖掘出潜在需求,创造出新的需求,而这些需求又被继续满足着。在这一循环过程中,企业模式、社会需求和需求的满足方式越来越趋向于多样性。因此,市场经济体制下高等教育的行为途径具有多样性:专业发展的多样性,通过建立新专业,吸纳更多的学生;教育类型的层次性,既要发展普通教育,又要发展继续教育、成人教育,使不同的教育类型组合形成生态链,构建大众化教育的立交桥;开发新课程,增加国民经济和地方发展迫切需要的新课程,由课程的多样性保证高等教育知识结构的多样性;办学模式上的特色性,要把为本地区经济和社会发展服务放在学校工作的首位,把为本地区培养各类专业人才作为人才培养的主要目标,不断优化高校适应地方经济发展的条件、环境和能力。

4.市场的开放性要求高等学校开门办学

市场经济要求把商品生产经营活动投放到全国、全世界的大范围中,生产要素可以从这个大市场中获得,产品可以销售到大市场中的每一个角落。此外,如果能带来增值,即使是研发、生产环节也可以跨地区、跨国界来组织。开放性为各个社会系统和各种社会活动之间的交流与互补以及在更广阔的范围内合理有效地配置资源提供了可能。因此,高等学校要保持生机、活力和繁荣发展的势头,就必须大力开展国际教育交流和合作,与国际教育惯例接轨,增强对社会环境的适应能力,提高学校的国际竞争力。同时,面对国内经济主战场,坚持"双向参与、双向服务、双向受益"的原则,鼓励社会力量办学,通过"产—学—研"结合加强与社会的联系和合作,在为社会服务实现自身价值的同时,也从社会获得有效的资源;可以借助于经济的全球化,加强与国外企业、科研院所和高校间的合作,促进高等教育的国际化。此外,高校的内部可以打破院系、专业和学科的界限,加强相互的合作,以最大限度发挥校内资源的作用。

二、环境分析的方法

对高校外部环境的分析,一般可采用外部因素评价矩阵(又称为EFE矩阵)进行。EFE矩阵是一种对外部环境进行分析的工具,其做法是从机会和威胁两个方面找出影响高校未来发展的关键因素,根据各个因素影响程度的大小确定权数,再按高校对各关键因素的有效反应程度对各关键因素进行评分,最后算出高校的总加权分数。通过 EFE 矩阵,高校就可以把自己所面临的机会与威胁汇总,来刻画出本校的全部吸引力。具体可分以下五个步骤建立[1]。

1.列出在外部分析过程中确认的关键因素

因素总数在 10～20 之间,因素包括影响高校和所在产业的各种机会与威胁。先列举机会,然后列举威胁,尽量具体,采用百分比、比率和对比数字。

2.给每个因素赋予权重

数值由 0.0(不重要)到 1.0(非常重要),权重反映该因素对于高校在高等教育服务的产业中取得成功的相对重要性,机会往往比威胁得到更高的权重,但当威胁因素特别严重时也可得到高权重。确定权重的方法是:对成功的和不成功竞争者进行比较以及通过集体讨论而达成共识。所有因素的权重总和必须等于 1。权重是以高等教育服务产业为基准的。

3.按照高校现行战略对关键因素的有效反应程度为各关键因素进行评分

分值为 1、2、3、4,4 代表反应很好,3 代表反应超过平均水平,2 代表反应为平均水平,1 代表反应很差。评分反映了高校现行战略的有效性,因此它是以高校为基准的。

4.用每个因素的权重乘以它的评分

这样可以得到每个因素的加权分数。

5.将所有因素的加权分数相加

这样可以得到该校的总加权分数。

---

①赵宏,关刘君.基于 IFE 和 EFE 矩阵的我国高等教育可持续发展研究[J].现代教育管理,2016(09):87-92.

无论EFE矩阵包含多少因素,总加权分数的范围都是从最低的1.0到最高的4.0,平均分为2.5。高于2.5则说明高校对外部影响因素能做出反应,低于2.5则说明高校对外部影响因素的反应迟缓。因素数不影响总加权分数的范围,因为权重总和永远等于1。

第二节　高校品牌构建中存在的问题

目前我国虽然很多高校引入了品牌构建理念,并运用一系列策略进行品牌构建,但是,一些高校品牌构建过程中还存在着一些可以完善的地方。概括起来,主要存在以下几种。

一、主要需要完善的方面

(一)将品牌发展等同于品牌知名度的提高

塑造品牌的过程是一个全方位的立体过程,涉及市场调查、战略定位、品牌设计、产品策略、广告宣传、营销策略、品牌管理等,具有长期性、系统性、全局性、统一性、全员性等战略特征。品牌构建的最终目的是树立、强化和推广具有明显差异性、个性化和独特竞争优势的品牌形象,而品牌知名度的提高只是品牌培育的第一步,它并非品牌发展的终点。仅仅只有品牌知名度的话,高校不能很好地解决市场对品牌的认识、偏爱等问题,这些问题若不能得到解决,最终还是无法稳固地获取市场。

(二)品牌构建与其他相关战略实施不够统一

高等院校品牌构建是一项系统工程,它具有严谨的结构,是由众多相关战略构成的。任何一种单一战略都有其优势及局限性,过分依赖任何一种单一战略,均无法获得优势互补、劣势淡化、形成合力的结果。专业发展能否跟上步伐、教学质量是否稳定、就业措施是否配套、基础建设是否到位、社会形象是否良好、人才素质是否达标,这些都是需要综合考虑的。

(三)创建品牌与保护品牌没有统一

一些学校在树立起品牌之后,就认为可以一劳永逸,从而有重视品牌的创建,轻视品牌的保护的现象出现。其实,学校品牌也有其"生命周期",有创建、成长、鼎盛和衰亡的过程。同时,好的学校品牌也往往成为竞争对手模仿和攻击的对象,如果不积极创新,进一步扩大优势,就很容易在竞争中处于劣势。另外,学校的内外环境在不断变化,如校长更替、名师离退、生源变化、政策变化等,学校品牌的基础也会发生相应的变化,这就需要对品牌进行长期的维护和管理。

二、其他需要重点关注的方面

(一)品牌定位要恰当

高校在进行品牌定位时,要找准自己的办学层次、办学规模、人才培养目标等,做到合理定位和理性定位,不能盲目地将目标定的过高,要根据自身的实际情况来定位自己。据调查,目前有一些高校对自己的品牌定位不准确,要么定位比较模糊,要么没有根据目标市场定位,要么定位过宽或过窄。高校是要办综合性大学、理工类大学或师范类大学,是注重办学规模的不断扩大,还是更注重办学质量和学术科研水平的提升,是培养"专门人才"还是培养"综合性人才",这些都是高校在进行品牌定位时必须考虑的方面。

(二)品牌定位时要凸显品牌的核心价值

品牌核心价值是整个品牌的中心,是品牌定位工作的重中之重。品牌定位不是对学校教育服务产品进行宣传,而是提炼出凝结在教育服务产品中的品牌理念。品牌核心价值可以让教育消费者记住品牌的个性与特色,并让消费者认同、喜爱、购买该品牌[①]。

(三)品牌定位要做到"随需而变"

有一些高校在完成自己的品牌定位后,品牌定位就一成不变了。如果一味地维持最初的品牌定位,高校可能会发展缓慢。高校要根据高等教育市场情况的变化和政策的倾斜,适时调整品牌定位,做到品牌定位随市场需求和教育政策的变化而有策略的变化,这样才能满足教育消费者的需求,才能长久获得公众的心。

第三节　现状存在问题归因研究

基于上文中高校品牌构建中需要提升的地方,可以对其背后的原因进行探究。

---

①颜鹏.品牌定位在市场营销战略中的地位分析[J].现代商贸工业,2019,40(08):38-40.

一、品牌理念的个性化程度不够

品牌理念是学校发展的重要战略思想,是学校品牌价值的集中体现。高校之间发展水平的差距,在很大程度上体现在品牌经营理念的差距。我们所熟知的那些品牌经营做得很好的大学通常也都有着很强的记忆点的品牌理念,如"与柏拉图为友,与亚里士多德为友,更要与真理为友",正是哈佛大学办学理念的真实写照。有一些高校在品牌经营的过程中,只是沿用了其他学校的办学理念或者没有结合自己学校的实际情况,导致品牌理念缺乏个性,没有自己的特色,从而影响了自身的发展。

二、品牌传播的意识不强

品牌传播是品牌经营的一个重要环节,高校品牌只有通过传播,公众才能认识、了解、接纳这个品牌。公众对高校品牌的认识要经历一个由表及里、由感性到理性、由形式到内容的过程。高校只有形成完备的品牌形象,才能得到教育消费者的认可与赞同。高校品牌要想得到学生及家长的认可,除了要提高高校教育服务质量外,还要进行品牌传播。没有品牌传播,公众就可能不了解该品牌,从而就有可能不认可该品牌。所以高校在形成品牌以后,要与外界建立密切的联系,通过开展各种性质的学术、公益或其他活动与外界进行沟通交流,对品牌进行宣传传播,这样高校品牌才能得到社会公众和教育消费者的认可与支持。现在有一些高校缺乏品牌传播意识,不注重品牌的传播推广工作,忽视与外界的联系沟通,从而阻碍了品牌的构建[①]。

三、品牌经营重点外部化

高校虽然可以通过品牌传播来提高知名度,但是这并不能从根本上提升学校品牌的影响力。高校要想提升自己的品牌力和综合实力,最根本的还是要从品牌的内生机制和对品牌的内部管理上下功夫。目前有一些高校把品牌的外在形象作为品牌经营的重点,如注重形象设计、完善硬件设备、强调公关策划等,忽视了教育服务质量、教职工水平和学生综合素质的培养与提升,这些品牌的内生机制和内在因子才是品牌经营的重点。所以,高校在品牌经营的时候,经营重点要从外部向内部转化。

四、品牌管理静态化

有一些高校将品牌管理看作静态化的,只是注重品牌本身,把品牌管理的重点放在了品牌形象的设计、品牌个性的树立、品牌联想和描述等静态方面,没有把品牌管理放在整个品牌经营活动的过程中来考虑,只是注重品牌的横向静态发展,忽视了品牌的纵向动态发展。事实上,品牌也是在不断发展变化的,应该将其融入设计、定位、传播、维护、延伸发展整个过程中。另外,有一些高校对于怎样通过品牌为高校创造财富价值,创造经济效益并没有切实有效的方法,不能将品牌的价值转化为学校财富和经济效益,这也是品牌管理静态化的重要体现。

---

① 鲍琳琳. 新媒体环境下的品牌传播策略[J]. 传媒论坛,2019,2(14):168-169.

第五章　高校品牌构建策略

第一节　品牌校园

　　高校校园作为教书育人和科学研究的场所，是知识产生和传播的重要载体。高校的校园建设规划与高校的发展战略密切相关，它决定了校园规划的规模、结构、布局和指导思想，校园建设规划必须要符合高校品牌战略规划的要求。建设一所品牌大学不仅需要有一流的师资和学术环境，足够的教学、科研投入以及一流的科研、教学成果，而且还需要有一流的校园建筑和环境，除了要满足教学、科研的基本要求外，还应该包括一组从人的心理需要出发而精心设计的校园建筑，一整套便利的师生生活服务和休闲娱乐设施，一系列完备的科技创业服务设施和机制，一个相对宽松宁静的外部居住环境等诸项内容，这是高校品牌的有形载体，与一流的师资和看不见的学术环境一样，对于人才的吸引和教化起到潜移默化的作用，是一所品牌大学内涵的外在显示。正如斯坦福大学的第一位校长大卫·乔丹曾说过的那样，"那些长廊和庄重的柱子，那一排排棕榈树，将对学生起着它们的一份教育作用，实实在在的和化学实验室一样……这庭院中的每块石头都在进行着教育。"因此,要塑造一座百年老校的品牌,需要具备一种高瞻远瞩、胸怀大志、充满人性的味道并能培养出时代所需人才的大学校园建筑和环境,制定一个符合师生心理需求的、长远的、可持续发展的总体校园规划是高校品牌战略的又一项重要任务。

一、品牌校园的内涵

在品牌大学的建设中,人是最重要的要素,而校园建筑与环境建设从根本上说是为之服务的。良好的校园建筑与环境是品牌大学内涵的重要组成部分。为此,要实现品牌大学的内涵,必须要从人的需要出发,明确品牌校园建设的目标。

(一)与自然和谐

返璞归真,回归自然,是实现大学校园可持续发展的客观需要。纵观当今世界的一些名校,如剑桥大学、哈佛大学、斯坦福大学等,也正是以追求与自然环境相互协调的校园建筑、规划设计,并拥有优美、自然的校园景观而著称。我国幅员辽阔,地质、环境、气候变化很大,一个好的校园建设规划,要充分地考虑与环境的协调,提倡环境优先,应用生态建筑学的概念指导,有一个好的生态规划设计,保持真山真水,尽量少地去破坏原有的植被,废弃物的处理、水的利用、无污染能源的使用等都应该统筹考虑,使整个校园与周围的自然环境浑然一体。

(二)与师生和睦

坚持以人为本,体现了教育的本质特征,也体现了空间环境的育人功能。一方面,师生员工是校园空间的主人,校园空间环境设计的目的本来就是为了满足师生员工的生存和发展需求;另一方面,正是因为有了人,环境才会或多或少地被人性化,从而具有人类的精神。校园环境从根本上说是一个长期学习、工作和生活的人工环境,它的质量将直接影响人们的心理情绪、工作学习的效率和彼此的交往沟通。因此,人性化的校园要求空间环境设计具有兼顾人们生活、工作、学习需求的特点,同时又能展现人类的情感、情绪、意境和表情,体现环境与人的和睦相处。

(三)与国际接轨

改革开放以来,随着我国综合国力的不断提升,经济实力和国际影响进一步增强,越来越多的留学生到我国的高校学习或进修。因此,在经济全球化和高等教育大众化的背景下,在国内外有影响力的品牌大学,应该有一个能够适应国际学术交流、合作活动、满足归国留学人员以及外国留学生学习、工作、生活的良好的校园建筑和环境。这样的建筑和环境包括提供足够的学术交流空间与配套设施,外国留学生园区以及各种高层次生活配套设施,如高水平的国际互联网、健身房、游泳馆等。

(四)与文化共荣

义化是一个校园最本质的特征,也是体现校园品位和特色的最好诠释。校园文化既可以体现在学校的专业特色和学校发展的历史人文精神中,也可以体现在学校校园所处的特定地域环境中以及校园的公共空间环境和建筑中,那些历经风雨保存下来的建筑代表的不仅仅是一个物质符号,还有许多的人文精神蕴含在其中,如北大的未名湖、清华园的老校门这样极具文化与历史韵味的特定空间环境和建筑,都可以成为校园的代名词。作为营造硬件环境的校园规划,它在校园建设中的功能不仅是指导校园建设,而且更重要的是,它体现着并表达出一所学校的历史和所传承的文化,向外展示出一所学校的文化底蕴。校园建筑区别于商业建筑和一般的观光建筑的特点是它不在于追求时尚和标新立异,不在于短时间内给人以强烈的视觉冲击,大学建筑有着深刻的教育学和文化学的意义。

(五)与社会相融

大学是社会组织的一部分,走出象牙塔与社会相融,为社会服务是现代大学的重要职能之一。品牌大学的建设之路离不开社会的支持与合作,因此,校园的建设规划中必须树立"跳出大学办大学"的理念,在空间的布局以及各种功能区的划分上,留有充足的空间,通过大学与大学、大学与社会、大学与企业之间的合作,"合力"办学,建设"大学综合体",大力改善校园环境。如大学与政府共建的"产—学—研"相结合的新型大学园区、大学与企业共建的大学城等,建设大学与社会相通的合作平台,使得大学更好地为社会服务,在服务的过程中大学从社会获得各种资源,反过来又促进了大学的健康发展。

(六)与网络相连

高校的校园是一个相对复杂又相对独立的系统,教学区、生活区、运动区、行政办公区构成了它的基本框架,各区功能不同,随着网络技术的日益成熟,校园作为一个大网络平台的概念已经被越来越多的人所认识,通过网络将学校各个功能区域的信息互通共享,教学科研、管理服务、后勤保障各职能部门之间、学校与基层院系之间、教师与学生之间通过网络平台可以实现无障碍的连接,校园内任何一个功能区发生的事情在其他区域都能得到及时和准确的信息,因此,数字化校园应该是信息化时代品牌校园建设的重要组成部分之一。

二、品牌校园建设的策略选择

(一)设计理念人本化

随着社会的不断进步和经济的快速发展,以人为本,建设和谐社会是落实科学发展观的根本要求,高校对规划建设和谐型人性化的校园应普遍给予高度重视,在校园规划设计中将"人"的因素作为校园建设的重要目标,从不同的角度和不同的层面上,注重体现"人—建筑—自然"的和谐。

校园规划人本化的设计理念体现在以下几个方面:一是设置交往空间,便于师生间的交流。在规划建设中,要积极实践的探索校园中极具亲和力的交流空间,充分利用校园内现有的自然资源,营造具有场所感的交流与沟通的氛围,构筑流畅的公共空间,交往空间根据师生交往活动的不同而呈现多种类型。如大学的道路旁、门厅、走廊安排适当的座位,供师生随时使用,而图书馆、礼堂、音乐台等大型公共建筑前的广场,则是师生大型公共集体活动的地方。二是分区布局合理,便于师生生活。对于占地较大的校园,学生的生活区宜分散布局,以方便学生到达学校中心区,体育设施不宜过分集中,而应与学生生活区有机相邻。努力实现空间布局科学合理、功能实施协调配套、充分体现"以人为本",以"人"能够在良性循环的空间里获得全面健康发展为最终目的的校园规划与建设。三是合理规划人车交通体系,做到便捷、高效、安全。遵循"步行为主、人车分流"的原则,以校园格局与功能布局为导向,科学布置可达性良好的道路系统和交通体系。步行系统由主步行道结合景观系统中的漫步道,共同形成完整连续的外部空间步行网络系统。车行交通要求便捷通畅、可达性好。同时,道路要兼顾场地属性、校园的标志性建筑、校园景区及重要景观的观赏视线等要素,强调步移景换的视觉效果,增强空间体验的丰富性。

(二)校园环境生态化

生态化校园作为一种全新的建设理念,正日益受到高教界与社会公众的普遍关注。生态化校园应该是健康舒适、高效清洁、和谐优美的,真正的生态化校园,至少应该处理好以下几个方面的内容,如能源、水环境、气环境、声环境、光环境、热环境、绿化、废弃物管理处置、游憩、绿色建材等。校园生态化,并非只是指校园内部各种设施或者是内部环境的"生态化",这种"生态化"还应该包括校园的周边环境以及整个地区的生态系统的合理化[1]。

校园环境生态化的规划设计是指任何与生态过程相协调,尽量使其对环境的破坏影响达到最小,这种协调意味着规划设计尊重物种多样性,减少对资源的剥夺,保持营养和水循

①许懿,闫旭.绿色建筑设计理念在校园建筑设计中的应用研究[J].绿色环保建材,2019(07):43+46.

环,维持植物生境和动物栖息地的质量,以有助于改善人类及生态系统的健康。校园环境生态化的规划设计包括建筑师对其设计及材料选择的考虑;水利工程师对洪水控制途径的重新认识;工业产品设计师对有害物的节制使用;工业流程设计者对节能和减少废弃物的考虑。校园环境生态化的规划设计要体现以下几个方面的要素:一是地方性。也就是说,校园生态化的规划应根植于所在的地方,应当尊重当地传统文化和乡土知识,适应场所中的阳光、地形、水、风、土壤、植被及能量等自然过程,充分利用现有的乡土植物和建材,保护和利用乡土物种。二是保护与节约自然资源。保护不可再生资源,如城区和城郊湿地的保护,自然水系和山林的保护。尽可能减少包括能源、土地、水、生物资源的使用,提高使用效率。利用废弃的土地,原有材料,包括植被、土壤、砖石等服务于新的功能,大大节约资源和能源的耗费。三是让自然做功。自然生态系统生生不息,不知疲倦,为维持人类生存和满足其需要提供各种条件和过程,所以自然提供给人类的服务是全方位的,让自然做功强调人与自然过程的共生和合作关系,通过与生命所遵循的过程和格局的合作,可以显著减少设计的生态影响。四是要显露自然。尽可能保护原有的生态环境,在建设中树立不再破坏生态环境的意识,反对"先破坏,再治埋"的传统建设观点。

大学所处的生态环境的优劣与教育功能的发挥有着密切的关系,古今中外的教育家都非常重视校园的生态环境,如中国古代的五大书院都设在生态环境极优的依山傍水之地,据记载,"白鹿洞书院在庐山五老峰下,有林泉之胜;岳麓书院在岳麓山抱黄洞下,背陵向壑木茂而泉洁;嵩阳书院在太室山南;石鼓书院在回雁峰下;茅山书院在三茅山中","创设如此幽深的学校环境其重要原因是想借山光以悦人性,假湖水以静心情。"因此,大学校园应该保持一个富有自然美的绿色生态环境,这样可以陶冶情操、净化心灵,对师生员工产生潜移默化的教育和吸引效果。

(三)校园景观人文化

从文化学意义上来看,校园规划要解决的是校园内的布局建筑及其内部的布局问题,是属于校园文化的范畴。在校园诸多文化中,环境文化集中反映着其他文化的特点,因此,作为营造硬件环境的校园规划,它在校园建设中的功能不仅是指导校园建设,更重要的是体现并表达出一所学校的历史和传承的文化。

这种文化的传承是借助于校园建筑与环境所表现出来的校园景观而显现出来,体现的大学之"大",指的就是时间上的历史悠久和空间上的通透旷远,大楼之"大"乃是大气恢宏,承载了这所学校的"大家""大师"和"大成"的历史功绩和活动轨迹。哈佛大学的建筑很多都是用人名来命名的,有哈佛知名的校友,有成就卓著的校长,也有捐赠丰厚的资助者,每一个都记载了哈佛大学沉甸甸的一段历史。在哈佛的校园内矗立着约翰·哈佛的坐像,像上镌刻着"约翰·哈佛"和"建校者"字样,生动形象地展示出奋进、自信、博大的哈佛精神。又如北大校园的主体称为燕园,与圆明园、颐和园相毗,给人以凝重的美学感受,未名湖、博雅塔、石舫、枫岛、翻尾石鱼等校园景点,留下多少学者、学子的足迹,百年纪念讲堂、光学楼、图书馆等新建筑气势宏大又注入新的文化内涵,历史与现代相融,多姿多彩地呈现出一幅清新、淡雅、恬静的图画。

在进行校园规划和建设时,应该根据自己学校的历史,通过各种建筑物特有的建筑语言,营造出浓郁的文化氛围。教学区要体现安静、整洁、秩序、勤奋、钻研的文化氛围;活动区要体现青春、活力、运动、健康、向上的文化氛围;办公区要体现勤政、务实、庄重、整齐和服务的文化氛围;学生宿舍要体现育人、整洁、服务、文明的文化氛围;生活服务区要体现清洁、卫生、舒适、服务、欢快、满意的文化氛围。在对各单体建筑进行设计时,既要美观大方,富有时代气息,又要表现出校园的文化特色,还要结合周边园林布局作相应的环境艺术设计,以体现人与自然、建筑与自然的和谐统一,针对不同功能区域营造出不同的文化氛围,将校园建筑有机地融入优美的校园景观之中,展现浓郁的大学文化教育特色,体现大学校园深厚的文化底蕴。

(四)校区功能社会化

校园向社会开放既是社会的需要也是高校培养人才的需要。一方面,随着高校从社会的边缘走向社会的中心,高校与社会交流越来越紧密,校园逐步承担起地区文化资源中心的作用,社会期待着校园研究成果的转化;另一方面,校园为了培养高素质、全面发展的人才,也需要与社会交流,让学生在社会生活中受到锻炼。因此,内向型的传统功能分区已经不适应新形势的需要,校区的功能规划应适应这种变化,其功能趋向社会化。

校园规划向社会开放的形式有多重选择,一是共享文化服务区,在校区分区规划时,尽量将医院、礼堂、游泳场馆、学生活动中心、教工及学生食堂、图书馆等功能组团设置在邻近城市道路、与外界联系方便的位置,以利与社会共享。二是淡化生活区,我国高校传统的功能布局是由教学区;学生宿舍区、体育运动区及教师生活区构成的,随着大学校园一系列管理制度的改革,学生宿舍向学生公寓转化,建设与管理逐步与社会接轨,教工住宅区面向社会走商品化道路,教工区与校园相邻但是相对独立。三是强化科技园区,使之成为校园内重要的功能分区部分,随着学校与社会的合作日益密切,科研成果向产业化转化这部分功能会越来越超出预计,这样一个"社会校园结合部"其实是产学研相结合的中间地带,规划中要充分考虑。

(五)空间布局组团化

校园空间布局的组团结构为现代大学的大规模建设提供了可能,这种组团化的布局相对于传统的分散的单幢建筑有利于设施集中,具有以下几方面的作用:一是各类功能相同的建筑间特别是教学实验类建筑联系紧密、集中,既为师生使用相邻学科的资源提供了方便,又在一定的程度上避免重复建设。二是由于采用统一的柱网和构件,可以在建设的过程中大批量的生产,从而节约建设的成本。三是将建筑物相对地集中,可以保留更多的发展用地,有利于节约用地。四是有利于各学科师生间交流、交往,形成教学中心区的空间环境气氛。

布局的组团结构主要体现在以下两个方面:一方面,着眼于各功能区的组团布局。也就是根据各功能区不同的功能要求,在校园的整体规划布局中考虑相对集中的分布,教学、实验区应该与学生生活区相距不远,而运动区则与学生生活区相对靠近,如果校区较大,可以考虑形成若干组团,以确保各组团内的功能区的相互支撑;另一方面,着眼于各专业学科之间的组团布局。突破学科领域的限制,加强不同学科、不同领域教学建筑之间的联系,创造更多的可以集合不同学科领域知识交往的空间,加强教学中心区的集中布局,改善各专业学科封闭独立的布置,考虑各学科专业的关联性,形成多个学科组群,打破过去院系独立分散的格局,以利于资源共享和学科交流。

(六)校园信息数字化

随着网络技术和数字技术的普及,高校校园规划与建设应朝网络型数字化方向发展。网络数字化的实现借助于地下铺设式"三网"(计算机信息网络、通信网络、视频网络)的合一建设。数字化的校园包括以下三个方面:一是信息传输的网络化,要求实现校园内所有计算机网络终端与校园网、因特网的连接,不仅使校园内任何人在任何地点和任何时间都能通过计算机网络终端查阅、收发和调用所需的信息,并随时空的延展使"虚拟大学"成为现实。二是学校管理办公自动化和教学形式网络化。建立网络应用办公自动化系统、教育教学管理系统、多媒体教学和多媒体视听系统及时准确了解和掌握学校的全部教学活动信息以及管理、服务和办公等活动信息,以增强学校各项活动信息的时效性和学校各项活动的公开性和透明度。三是文献信息资源数字化。建立文献信息资源中心,扩大高校文献信息资源的种类、容量和利用率,缩小文献信息资源存储的物理空间,以满足对数字化文献信息资源的个性化需求。

(七)校园建筑个性化

一所学校的校园建筑是校园精神文化的载体,体现了这所大学的价值取向、审美趣味,承载着大学的历史。校园建筑区别于商业建筑和一般的观光建筑,其个性化是由建筑群体、路网系统、生态绿化的有机组合形态及单体的风格来展示的,它具有一定的恒久性和地域性特征。

校园建筑的个性化有以下三个方面:一是校园建筑有"大气"的历史底蕴。所谓"大气",是指一种"海纳百川,有容乃大"的气度和雅量,表现在建筑风格上就是时间的历史悠久、空间上的无穷旷远、视觉上的和谐恢宏。二是校园建筑群有各自的学科特色。建筑群是校园物质环境的主体与骨架,是建筑群落的构成机理、空间形式、材料色彩等建筑风格,决定着校园的主要空间形态和形象特征。构成组团的各建筑群体应围绕学科特色开展规划与建设,多元营构,在体现校园整体和谐、协调的基础上又不失各自的个性;更加大胆、夸张的结构形式,以赋予其充分的想象力。三是校园建筑有个性的文化品位。建筑作为人类一种特殊品格的艺术,是物质和精神、主体和客体、技术和艺术、形式和内容、自然和社会、历史与现实的整合。学校的建筑以其特有的文化学和教育学上的意义,给踏入校园的人们以强烈的第一印象,更是代代学子留下美好回忆的地方。因此,校园的建筑必须要有自己独特的个性,也将寓意其中高尚的文化品位。

(八)校园发展可持续化

可持续发展的理论内核是以人为本,兼顾现实与未来。校园的建设作为百年大计工程,不仅要在规划设计中考虑当前需要,同时还要兼顾未来发展的需要。可持续发展的规划设计体现如下的思想:一是结合历史文脉的校园设计,使学校的历史在校园中得到发展和延伸。二是与生态环境相结合的校园设计,使校园的发展环境不受破坏。三是弹性生长的校园设计。在硬件上,预留空间给未来;在软件上,充分考虑教育管理的伸缩性。

可持续发展的校园规划建设策略有以下几个方面:一是普遍意义上的可持续发展。在宏观上,结合地形地貌,不破坏原有的基地生态环境;在微观上,通过对建筑的遮阳、通风、利用太阳能等生态技术手段,达到尽可能的节约能源和创造宜人的室内环境,做到校园生态与环境保护利用的可持续。二是针对校园发展的特点而言,校园规划不是一个终极的完整状态,在规划之初就应为未来学科的增长、新的功能组团的产生留有余地,使规划结构呈现出一种可增长、灵活的状态,具有较强的应变能力和适应性。三是理性观与动态观的协调。在规划中将校园的理性、有序与环境的灵活、浪漫有机地结合起来,尤其是图书馆、教学实验楼、办公楼等实现数模设计的建筑融入自然环境后,可形成多样而协调、有机且有弹性的规划体系。

三、品牌校园建设的组织实施

(一)欲施建设,规划先行

社会在进步,时代在发展。高校的校园规划与建设的过程是一个随着社会的进步和时代的发展不断变化、不断完善、不断发展的过程。无论是新校区的建设还是老校的发展改造,始终是在不断发展与建设之中,要确保高校的健康和谐、可持续发展,高校领导层必须遵循高等教育的发展规律,牢固树立科学发展观,树立"校园规划是学校事业规划与发展和学校有序建设的保证"的理念,坚持施行"欲施建设,规划先行"的发展策略。贯彻落实好这一策略需要从以下几个方面着手:一是突显规划的前瞻性。即以科学的态度和方法,对学校进行科学的定位,明确自己的办学目标、办学特色和人才培养的规格,以学校的事业发展规划为基础,科学论证和制定符合校情的富有战略思想的校园规划。二是突显规划的权威性。校园的规划是校园建设的根本大计,一经制定就应该坚决地执行,避免因为领导的变动而造成有规划不依,个人感情用事的情形发生。三是突显规划的规范性。建立健全校园规划与建设的监控机制,从组织上和制度上保证校园规划与建设的规范性。四是突显规划的指导性。校园建设规划服务服从于学校事业发展规划,但对高校其他职能规划和院(系部)基层发展规划有着很好的指导性作用,如学科规划、师资队伍建设规划、后勤服务规划及院(系部)发展规划等。

(二)立足自身,选择路径

由于各校办学历史不一,办学定位不同,办学目标各异,因此,在校园建设的路径选择上就应该立足自身,选择适合自己的建设之路。一是就地扩展,分期扩大。这类院校充分利用现有校园周边的各种扩大的机遇,就地扩大,这种方式的优点是保持原有校园的完整性,投入少,可持续发展性强。二是就地挖潜,改造升级。这类院校是利用原有校产,充分挖掘自身的潜能,在有限的校园土地上增加了校园建筑面积,调整了校园建筑的功能,使校园的布局更加合理,老校园焕发了青春,提高了社会效益和经济效益。三是易地扩建,新老并存。这类院校由于老校区在老城区,地域狭小,办学空间受到了很大的制约,纷纷在城郊扩建新校区,城中老校区仍然保留,形成了城中老校区与城外主校区并存的局面。

(三)群策群力,形成合力

高校校园建设规划是一项全局性、综合性、战略性的工作,必须要按照学校发展的规律和总体要求,立足当前,面向未来,统筹兼顾,综合布局,加强领导,形成合力,做好建设规划工作。一是提升校领导班子的决策能力。学校领导层对校园的规划建设具有决定性的作用,从校址的选择、规划的确定到建设的实施等都是如此。因此,领导决策层需要有开阔的视野,海纳百川的胸怀,理性的思维,发挥集体的力量,尊重专家,科学决策,确保规划的科学性。二是提升规划制定部门人员的技术能力。学校的相关职能部门具体来落实校园规划建设的具体工作,通常情况下,一个校园规划的制定工作由校外的专业技术人员与校内的职能部门人员共同完成,对后者而言,需要具有校园规划方法方面的知识,掌握规划资料和数据收集与分析的方法,建立以事实为依据的决策、评估程序和校内传递校园规划信息的平台和机制。三是提升全校师生的协同能力。全校上下对校园建设规划制定的认识、对规划的重视和关心程度直接关系到校园建设规划制定的成败,因此,作为规划的组织者与制定者不能孤立地进行规划研究与制定,要激发师生员工的主人翁和参与意识,形成校内相互理解、相互合作的全局观念。

(四)继承创新,相得益彰

继承即是取舍,创新即是扬弃。所谓继承就是指对原有事物中合理部分的接续,是否定中的肯定,克服中的保留,是"取舍"。所谓创新就是旧事物向新事物的转变,是"旧质"向"新质"的飞跃,是"扬弃"。继承是创新的基础,创新是继承的发展,两者紧密联系,既对立又统一。

校园规划与建设中要把握继承与创新关系。一方面,要树立"保护"意识,注重保护校园内的历史文物和传承学校历史与文化的建筑和区域,但是,继承不是照搬照抄,而是加以合理地取舍,对校园内的那些建筑通过必要的修缮和改造,使其质量、色彩和功能与周边新建的项目有机地融合在一起;另一方面,要注意对校园内原有事物合理部分的发扬光大,即体现校园规划建设的创新性。这种创新性要求高校的校园建设既能体现学校历史的厚重感,又不乏校园建设中具有时代感的创新特征,树立与时俱进的思想观念,积极探索和实践具有时代感和高科技含量的校园建设项目。

没有"不变",没有继承,发展就失去了基础;没有"变",没有创新,发展就失去了活力。因此,高校在规划和建设中,正确处理"继承"与"创新"的关系,处理好新老校区、新老建筑、新老风格之间的融合,处理好学校传统文化的传承与体现学校历史、现实与未来之间的衔接与拓展。

(五)现实未来,相互协调

高校校园的规划与建设是一个长期的过程,规划一旦形成具有较强的约束力,但是,校园是不断发展、连续变化的,不可能做一个十全十美的终结性规划,校园规划与建设既不能不顾未来只求满足现实需要,也不能不顾校情,不切实际盲目贪大。在校园建设的过程中,各项外部条件不可避免地存在变化的可能,这就要求校园的规划具有较好的弹性和应变性,重视可持续发展的问题,树立可持续发展的观念,尊重现实,把握未来,施行现实与未来衔接协调的策略,使现实需求与长远发展有机衔接,使规划与建设既能满足现今的需求,又具有前瞻性和持续性。在建设的过程中积极探索,努力开发利用空中和地下的空间,并注意使新建筑对今后发展具有较强的灵活性,切实为学校未来的发展留有发展空间和余地,确保学校的健康协调和可持续发展。

第二节　品牌师资

现代大学具有科研、教学、社会服务三大职能,不论大学发挥何种功能,基本队伍都是教师,没有教师就没有学校,就没有学校的一切,没有优秀教授的教育就如同没有优秀工程师的企业一样,在市场竞争的冲击下,就会迅速失去发展和竞争的潜力。哈佛大学名誉校长陆登庭教授说过"在大学没有比发现和聘用教师更重要的问题",曾任哈佛大学文理学院院长的亨利·罗索夫斯基一语破的:"迄今为止,衡量大学状况最可靠的指标是该校教师队伍的优秀程度,这几乎能决定其余的一切。一支优秀的教师队伍能够吸引优秀的学生、基金以及校友和公众的支持,并能赢得国内国际的公信。保持和提高学校声誉的最有效的办法,就是改善教师队伍的质量。"所以,高等教育中不可或缺的是真正具有深厚学术底蕴、严谨学术精神的"品牌教授",高校只有大力引进人才,重视人才,充分地调动人才的积极性和创造性,创立品牌教授,全方位打造高等教育品牌形象,提升品牌的资产价值,才能创造一流的品牌教育。

一、高校师资队伍建设的内涵

(一)提高高校师资队伍的个体竞争力

梅贻琦先生在清华大学担任校长期间,真正视师资为第一要素,他有一句名言:"大学者,非谓有大楼之谓也,有大师之谓也。"他在清华大力推行教授治校,把教授视为学校的办学主体和依靠力量,使清华名师云集。大师,对一所大学而言,是地位的象征,是声望的象征。纵观世界一流大学,他们都把大师的多少作为衡量其水平、地位的重要标志之一。哈佛大学前校长科南特曾说过:"大学的荣誉不在于它的宿舍和人数,而在于它一代又一代的教师质量,一个学校要站得住,教师一定要出名。"师资队伍建设的首要目标是要孕育品牌大师,提高教师个体的竞争力,这种竞争力主要体现在以下三个方面。

1.德高为师,具有高尚的品德

作为大学教师,其道德可以分为两个方面:一方面是以教师规范形式存在的教师职业道德;另一方面是深藏于教师内心深处的个人追求的道德。教师个人道德的发展是教师在从事教育工作的过程中,不断提高自身的道德修养,不断充实自我,从而发现生活的意义,获得自我实现的价值的过程。一个具有高尚道德情操的教师,必将会恪守教师的职业道德,在教学工作中践行自己的道德行为准则,使之成为一种巨大的教育力量,这种力量会推动教师忠诚党的教育事业,以一个教师的岗位职责严格要求自己;遵循学术道德,潜心自己的学术研究;热爱学生,言传身教,以学生的成长作为生活的乐趣,以学生的进步为自己生命的追求。

2.学高为范,具有渊博的知识

联合国教科文组织指出:在知识经济时代,由于信息技术飞速发展,人类知识总量激增,知识更新周期缩短,各个领域新成果、新理论、新技术、新知识不断涌现。"每个人必须终身持续不断地学习,终身教育是学习型社会的基石",大学教师必须具有不断学习的能力,用最新的科学成果武装自己,具有扎实的基础知识、精深的专业知识、丰富的实践知识,做到知识的多元化、复合化,实现才学知识的现代化,真正成为学生在知识海洋中畅游的引导者。

3.心正为上,具有较高的情商

心理学教授丹尼尔·戈尔曼提出了人的成功除了智商外,还有情商,他认为,成功的原因中智商只占20%,而情商占了绝大部分。情商就是指人的心理品质、自我修养和人格特征,即一个人的个性品质。具有良好的个性品质的教师,胸怀远大的理想,具备良好的心态、独特的理念和思维方式,充满爱心和激情,既要有求真务实、勇于开拓创新、严谨自律的治学态度和学术精神,又要有坚忍不拔、百折不挠的坚强意志;既要有脚踏实地、乐于奉献的工作态度,又要有淡泊明志、甘为人梯的精神境界。

(二)提高高校师资队伍的整体战斗力

高校综合竞争力的提升不是仅靠一个学科带头人就能行的,而是要形成教师整体的合力。因此,师资队伍建设的第二个目标就是采取各种措施,提高师资队伍的整体战斗力。这种战斗力的内涵包括学历层次、年龄结构几个方面。

1.学历层次高

作为从事大学生教学任务的高校教师必须具备相应的学历层次。随着我国高等教育大众化步伐的加快,研究生教育的规模不断扩大,为高校教师的学历提升提供了有效的途径,普通高校教师中硕士以上学历层次人员所占的比重逐年提高,重点大学教师博士生比例也有很大的改善。高校教师队伍已经成为我国规模较大、素质较高、学科领域涵盖最全的专业技术人才队伍。

2.年龄结构优化

教师队伍的年龄结构直接影响着教师的补充、流动、提职等一系列问题。由于人的成长以及不同学科知识的成熟规律不同,除了加大对学科带头人等领军人物的引进力度外,还要建立对教师队伍正常补充的机制,优化教师队伍的年龄结构。我国高校目前教师队伍的年龄结构呈现年轻化趋势,需要进一步的优化。

(三)提升高校师资队伍建设的原动力

发挥高校人事制度改革的自主权和主动权,是高校师资队伍建设的动力所在,也是师资队伍建设战略目标实现的原动力。当前,我国的高校人事制度改革处于社会转型的大背景下,将完成两个转变,即由适应计划经济体制向适应市场经济体制转变,由传统的人事管理向现代人力资源的开发转变。具体地说,即由传统人事制度向现代人事制度过渡、由封闭的高校人事向社会人事与高校人事融合过渡、由适应精英型高等教育的人事制度向适应大众型高等教育的人事制度过渡、由以政府管制为主向高校自主办学过渡、由集权型向分权型过渡。深化高校的人事制度改革,就是实施人力资源战略,其直接目标就是抓好队伍建设,间接目标是通过队伍建设推进教学、科研,促进管理,增强学院的核心竞争力,提升竞争优势。

1.创新用人制度

形成符合社会主义市场经济和国际通行规则"不求所有，但求所用"的人员能进能出、职务能上能下、待遇能高能低、优秀人才能脱颖而出的充满生机和活力的机制。在实行按需设岗、岗位管理的基础上，推行任职资格制度。任职资格的取得必须经过专业技术任职资格考试或人事考试，按照全面、公开、公正、公平的原则，根据受聘人员的工作业绩、工作表现以及所任职务与任现职时间确定具体等级，使职务岗位体现"业绩能力"导向，职级设计则体现"年功累积"导向。加快推进教师聘任制改革，建立全职与非全职相结合、长期聘任与短期聘任相结合的弹性用人机制，对教师实行分类分层次管理，以适应不同岗位要求的需要。

2.探索分配制度

坚持效率优先、兼顾公平的原则，建立以岗定薪、按劳取酬、优劳优酬、以岗位工资和岗位津贴为主要内容的校内分配办法，建立起重实绩、重贡献的分配激励机制。重点是体现市场机制和向"业绩、贡献、关键岗位"倾斜。分配制度改革应以实行岗位津贴为主要特点，依据岗位职责和工作实绩，将个人利益与学校发展目标结合起来，引导校内津贴的制度设计、实施办法等从普遍提高教师待遇，向更加强调激励作用发展，强化岗位意识，体现优劳优酬，从眼前的作用，向长期吸引人才、与其他制度相互协调共同作用的方向发展；从金钱、物资的激励，向拓宽精神境界、营造符合人才成长特点的人文环境和宽松自由的学术环境方向发展。

3.推进聘用制度

以工作需要和群众公认的程度设置"关键岗位",在明确岗位设置、按需设岗的基础上,通过公开招聘,对拥有专业技术任职资格和岗位资格的人员进行选聘,针对管理岗位、专业技术岗位和工勤岗位的不同特点,平等竞争、择优录取、竞聘上岗,并用合同的形式固定下来劳资双方的权利和义务、待遇和服务年限以及违约的处理方法等,实现固定用人向合同用人的过渡。

4.建立成本管理

探索以院为实体、学科为基础的院系体制改革,学校是宏观管理和决策中心,院(系)有充分的管理自主权,学校对院系制定总的管理原则,按学生规模和学生收费标准的一定比例核定院系教学管理成本,院系在发展规划、教学科研组织形式、教师队伍建设、分配办法等方面具有自主权。

二、高校师资队伍建设的策略选择

从高校的发展来看,高校的重要活动是人与人之间的自主合作、交流探究、学习发展,一切教育关系主要是围绕着人与人之间来展开,人的因素在学校教育和管理中占据着主导地位,高校的核心竞争力来源于教师的工作水平。教师劳动是一项长期性、自主性、难以控制和量化又极具个性化的复杂脑力劳动,教师是教育教学改革的积极参与者和推动者,是教育教学改革的动力。因此,坚持以人为本,认真研究改革过程中的高校师资队伍建设的策略,是不断提高高校管理水平,提高教育质量和办学效益的根本保证。

(一)工作理念:以人为本

大学作为一种社会组织,同样有着"投入"和"产出"。投入是指人、财、物等资源投入,产出指为社会培养人才,提供科技成果和各种服务。高校师资队伍建设的首要任务是更新管理的理念,以教师为本的管理要求学校的管理要以尊重人、关心人和信任人为学校教师管理的出发点,以造就人、成全人和发展人为学校教师管理工作的落脚点,使学校成为教师全面发展的场所。以教师为本的管理主要体现在以下三点。

1.确立以教师为中心的管理

确立教师在学校管理中的主导地位,把教师作为学校管理的主体,就要体现"人优先""人为主",高校管理的服务对象主要是教师和学生,管理工作必须围绕教师和学生展开。提高教师的教学水平和科研能力至关重要。教师和学生的利益是决定事物价值和发展方向的主要要素和基本标准。"以人为本"先体现在投入上,将对人力资源的投入作为未来一段时期高校财力投入的主要方面。2000年诺贝尔奖得主艾伦·麦克迪尔米德教授说过一段话:"一所大学的质量并不取决于它所拥有的教学大楼,也不取决于它的实验室和图书馆,虽然这些都很重要,但是决定科学研究水平高低的关键在人。一般来说,即使有风景如画的校园、藏书丰富的图书馆、装备精良的实验室,但要是不能将最优秀的师资和一流的学生吸引到这些建筑物之中,那只能是金玉其表。因此,科学研究在于人,人是第一位的。"

2.注重发挥教师主观能动性的管理

教师是能发挥积极能动性的、有思想、有创造力的管理客体,而不是一种生产要素、资源或是完成教育任务的工具这样简单的管理客体。发挥教师的主观能动性,关键就是要尊重教师主体意识,实行民主参与式管理,充分信任、依靠教师办学。首先,通过实行教职工代表大会制度,让教师知道校情,这是加强民主管理的根本;其次,要强化教师参与意识,鼓励教师积极参与学校管理,增强学校管理的亲和力,管理者与教师共同设定目标、直接参与工作决策、共同管理学校,这是加强学校民主管理的核心;再次,加大校务公开力度,把教育改革和发展中的难点、教师关心的热点,廉政建设的关键点,作为校务公开的突破口,凡是与教育管理密切相关,直接涉及教职工切身利益的事项都要及时予以公开,让教师督促校务,这是加强学校民主管理的关键;最后,尊重教师自我意识和自我管理能力较强的特点,充分信任教师,放手让教师自我管理,发挥其创造力,使教师心情舒畅,自主安排好自己的课余时间,更好地发挥其积极性和创造性,这是加强学校民主管理的活力之所在。

3.注重教师发展的管理

中国科学院院士、英国诺丁汉大学校长杨福家教授认为大学之大,除了大师之外,"大爱"更重要,"有了大爱,也能请得来、留得住大师",而要把一个学生头脑中的火种点燃,不仅需要技术训练,更需要爱。杨福家教授所言的"大爱"即是一种宽松、宽容的环境,一种以人为本的爱心,是给教师以自由发展的空间,注重教师的发展。

（二）目标取向：结构素质型

基于这一目标，我们应该逐步建立和完善体现岗位职责、能力和业绩的薪酬体系，加大对优秀拔尖人才的分配倾斜力度，建立完善符合高校教师职业特点的评价体系，更具力度地批判继承传统的文化价值观，即构建以能力本位为核心的高校师资素质结构，改善师资队伍的结构，实现大学教师素质优势和能力优势的双重转化。

1.改善高校师资队伍的结构

师资队伍的结构是师资队伍整体素质的核心和重要体现。合理的结构包括师资队伍群体结构和个体结构优化两个方面。就群体而言，一个富有竞争力的师资队伍必须有一定的年龄梯次，有学历和职称的层次，形成学科相互支撑的智能型结构，自然形成一个团队的核心，形成不同学术流派交流与融合，有个人性格、气质上的互补，使团队成员在品质与属性上存在适度的差异，优化组合，集成优势，形成最佳的能力结构和能力场，创建一个和谐的工作氛围，利于激发团体的向心力和竞争力。就个体结构而言，在信息全球化时代，除了要符合群体结构的总体要求，需要着重优化适应岗位需要的知识、能力和素质外，特别要发展自己的个性特长。古今中外，凡是成为教育名家者，多学识渊博，而且有着鲜明的个性和独特的治学风格，如博学诗书礼乐、因材施教的孔子；留下《师说》名篇的韩愈；提出"兼容并包""谋求个性之发展"的蔡元培等。正是他们将自己的个性与教学完美地结合起来，才使他们在教书育人上取得突出成就，因为教师的个性因其具有示范性的特征而对学生的成才具有明显的导向作用。大众化教育时代，更需要具有独特个性的教师，具有良好个性品质的教师，应胸怀远大理想，具备良好的心态、渊博的知识、独特的理念和思维方式，充满爱心和激情。教师应该既有务实求真、开拓创新、严谨自律的治学态度和学术精神，又有百折不挠的坚强意志；既有脚踏实地、乐于奉献的工作态度，又有淡泊明志、甘为人梯的精神境界。这样具有独特个性的教师去影响和培养学生，才能培养出具有个性的高素质的学生。

2.提高高校师资队伍的素质

高校教师的素质结构在第一层次上可分为体质类、品质类和素养类。体质即身体素质，主要是指机体表现出的力量、耐力、速度、柔韧性、灵敏性等特点；品质类主要是指心理品质，包括认知品质、情感品质、意志品质等行为品质；素养类主要是精神方面的东西，跟后天的实践、养成有直接的关系，如人文素养、艺术素养、科学素养、道德素养、思想素养、政治素养。第二层次上，体质类主要是指身体健康；品质类主要有心理品质、道德品质；素养类主要包括思想素养、学科素养、教育科学素养。在第三层次上，身体健康可以建立若干体质指标；心理品质主要指认知品质、情感品质、意志品质和行为品质；道德品质主要指个性品德，如友爱、关心、勇敢、公正、责任等；思想素养包括哲学素养、艺术素养、政治素养、文化素养及学科素养等。对于高校的教师，尤其要重视学科素养的培养，学科素养主要指对所任教的学科有执着的追求，热爱专业、积极创造、质疑批判、勇于探索的精神，在某个专业领域或方向上有敏锐的观察力和独特的视角。教育科学素养不仅指从事教育工作的个体要掌握教育学、心理学、学科教学法等基本知识，具备教育传导、预见和控制的能力,主要还指教育工作者应在上述基础上养成的师德和对教育这一职业的态度、兴趣,有教育理想,能自觉运用科学的教育理论、先进的教育理念指导自己的教育实践,热爱学生、热爱教育,形成自己的教学风格和独特的人格魅力。

3.增强高校师资队伍的能力

全球化时代,高校师资队伍的能力建设主要包括以下四个方面:①学术更新能力。在知识全球化以及网络时代的条件下,知识更新的周期缩短,各个领域新成果、新理念、新技术、新知识不断涌现,大学教师必须博取新知,不断地接受各种新知识、理论和技术的教育和培训,不断获取新信息,用最新成果武装自己,立足于学科发展的前沿,形成从新知到新创的强大学术更新能力,成为纵横相交的复合型人才、学者、专家、创造型的教师,给学生不断带来新的智慧火化和创造灵感,成为学生探求新知的引领者,以适应知识经济时代和社会不断发展变化的需要。②教育科研能力。大学教师是知识经济教育的第一要素,传播创新知识,培养学生探求新知识、创造新知识的能力,是知识经济时代大学教师的能力要求,大学教师要潜心做教育科研,将教学与科研紧密结合起来,将科研中的最新成果融入教学,增强教学的感染力、启迪力,做到双促进、双提高,从"知识传授型"转变成"知识创新型"教师。③双语运用的能力。教师的语言表达能力有时成为学生衡量一个教师教学水平的重要标志。一方面,要娴熟流畅地运用好母语,自觉追求教学语言的个性化和艺术化,形成自己的教学风格,不断提高教学的效果;另一方面,顺应经济全球化的需要,高校教师要不断提升自己的外语水平,这是高等教育走向国际化的需要,也是教师获得国际认可学术成就的基本保障。④现代教育技术能力。现代教育技术已经广泛应用于大学教学,大学的教师应该努力适应这种以学生为中心、以实践为中心、以教育软件为中心的信息时代新的教学模式。一方面,能够根据教学的内容要求,借助现代教育技术,制作高水平的教学课件,提高授课的效果和效率;另一方面,需要正确指导学生进入信息高速公路,检索信息,获取知识,化解问题,帮助学生提高自我学习的能力。

(三)运行机制:开放型

高校的教师队伍必须建立向社会开放、向国际开放,相对稳定又经常流动相结合的运行机制。

1.固定编制和流动编制相结合,实行动态管理

采取固定编制和流动编制相结合的方式是调节与平衡师资队伍的有效手段。固定编制人员是学校师资的主体,是保证学校正常的教学工作秩序的依靠力量,在定编定岗的基础上,学校要不断增加流动编制的数量,即在稳定学术带头人和学术骨干的基础上,在人事管理上推行人事代理制,流动人员的人事关系挂靠在人才市场上。学校对重点引进学历层次高、职称高、学术水平高的学科带头人和学术骨干实行固定编制,而对于学历层次低、职称低的新进人员实行人事代理制,并签订相关合同,对在合同期间内取得高职称、取得高水平成果的相关人员,由人事代理转为固定编制,而对那些履职期间业绩不突出者可以不再续约,以改变高校目前存在的进得来出

不去的状况,使师资队伍的数量和结构在流动中获得平衡。

2.岗位聘任和严格考核相结合,实现能上能下

按照"按需设岗、公开招聘、平等竞争、双向选择、严格考核、合约管理"的要求,积极推行真正意义上的岗位聘任制度。"按需设岗"即根据学科、专业发展的需要设置合理的岗位,而不是根据现有的人员来设岗,以保证师资队伍的结构完整;"公开招聘"即工作岗位向国内外公开招聘的方式,尤其是教授、副教授岗位通过外部招聘和内部晋升两种方式实现;"平等竞争"即低职可以高聘,高职也可以低聘,平等竞争,择优聘任;"双向选择"即打破教师的部门和单位所有制,教师有充分的选择权;"严格考核"即制定科学的评判标准和方法,定性与定量相结合,对教师的劳动成果给出客观公正的评价;"合约管理"即通过合同的方式规定学校与教师双方的权利和义务。

3.专任教师和兼职聘用相结合,实现优势互补

高校要提高办学的效益必须要借助于社会的资源,特别是社会的人力资源,"不求所有,但求我用"。专职教师是学校办学的基本依靠力量,承担着学校的主要教学任务,但是,仅有专职教师是不够的,还必须要从兄弟高校、研究所、企事业单位以及国外的高校聘请有较高学术造诣和丰富实践经验的专业技术人员担任学校的兼职教师。聘用兼职教师一方面,不占用学校的固定编制,聘用管理十分的灵活,可以解决学校教师数量不足的难题,提高办学的效益;另一方面,兼职教师大多来自生产第一线或者其他高校,他们带来了新的理念、新的知识,与本校的专职教师的知识结构互为补充,特别是对于那些从国外或国内名校引进的知名兼职教授,将行业和学科的

发展前沿动态带进学校,活跃学术气氛,促进学校专业改造和课程的更新,拓宽学生的视野,提高学生的实践动手能力,对于学校的学科建设和教育教学改革必将起到积极的推动作用。

(四)管理重心:注重团队转变

现代科学技术的发展呈现出不断分化和不断综合的趋势,单兵作战式的个体研究是很难胜任大项目的需求,只有形成团队才能拿大项目、出大成果和学术大师。因此,一所现代化高校无论是教学、科研还是行政管理领域,都不是仅靠个人的力量所能成就的,而是需要依靠集体的力量、依靠群体的合作、相互信任、团结协作,才能有效达到目标,在师资队伍管理中越来越重视团队的建设。团队是指一定的有互补技能、愿意为了共同的目标而相互协作的个体组成的正式群体。高校教师团队是指以学科梯队、学术研究中心、课题研究等为代表的教师教学科研型群体组织,具有一定的自发性,它是高校开展教学科研活动的基础力量,知识创新的核心力量,也是高校最具活力、最为活跃的学术单元,是培养和造就高校学科带头人、学术骨干的沃土,对整个教师队伍的建设起到孵化器的作用。教师团队的建设应从以下几方面入手。

1.建立一个充满活力和弹性的团队内部结构

首先,树立共同的目标,也就是"我们想要创造什么"。目标的确立能明确团队的基调和奋斗志向,树立团队内每个人的主人翁责任感,使团队的成员凝聚在一起,让大家朝一个方向努力,以实现团队绩效的最大化。其次,团队成员构成的异质性。在个人的技能、性格、气质上互补,将教师的个人技能聚合成独特的集体技能,形成科学的人才结构,使之相互激荡、相互促进、相互竞争、相互学习,为团队目标合力取胜。再次,选择合适的团队负责人。团队必须要有一位核心人物负责团队的管理,团队负责人是一个团队的活力、凝聚力形成的中心,团队负责人不仅需要有较高的学术水平来引领团队,更需要有较高的情商来统领团队,具有学术能力和管理能力的高度统一,在某种意义来讲,对团队建设而言,后者比前者更重要。最后,形成有效的团队规范。也就是每个团队成员的职责要求,使之职责分明,以增强团队的凝聚力和战斗力。

2.建设利于团队成长的高校组织文化

所谓组织文化,指组织在内外环境中长期形成的以价值观为核心的行为规范、制度规范和外部形象的总和,它包括以高校价值观取向为核心的制度文化、以认识论为主体的行为文化、以校园特色为中心的物质文化等。学者戴依曾提出教师素质发展的影响因素分析框架,他认为,影响教师素质发展的因素中,有个体特征因素,如个体教师的经历和职业阶段;学校的外部特征因素,如政府和媒体等;学校的内部特征因素,如价值观、制度、领导方式等。作为学校的内部特征因素——由环境、制度和领导方式等构成的高校文化,在教师团队的发展中起着非常大的作用。高校教师团队生长在一定的校园文化基础之上,它的高效运行需要支持性的文化背景,使教师能在这种文化氛围中主动工作、享受工作,因此,创造一个有利于团队成长的高校组织文化是教师团队得以生存并取得成功的关键。组织文化理论认为,人力资源开发方式中,对效果起决定性作用的,不是传统的人力资源管理中的录用、调配、考核、物质奖酬和升迁等一般性管理手段,而是通过塑造共同的组织精神,建立全体遵守的组织哲学和组织道德,培育良好的组织形象,建立具有共同文化基础的物质利益共同体和精神利益共同体,形成全员为之奋斗的共同愿景等文化方式。

高校必须基于组织文化的视角来加强教师团队建设:一是从组织文化的视角引进人、培训人、开发人、考核人,使教师与团队组织的目标一致,使教师在团队组织的成长中获得成功的喜悦。二是树立"以人为本"的价值观,并坚持将这一观念贯穿高校的所有人力资源管理活动之中。三是在引进教师中,树立组织文化意识,尤其是团队组织价值观念的导向性传播,使个人价值观和团队组织价值观相契合。四是在培训中,注重高校团队组织文化的内容,以不断深化员工对新的团队组织价值观的理解,强化对团队组织的价值观和使命的认识。

(五)管理模式:分类管理

教师劳动的复杂性、学科性质的多样性和各类学校承担任务的多重性,决定了对教师队伍的管理要根据其岗位的特性和所承担的任务不同而采取分类管理的机制和办法。实施分类管理,有利于充分调动和发挥广大教学科研人员的积极性、能动性和创造性,还有利于促进广大教师实现多轨道发展,真正做到人尽其才、才尽其用。

1.根据不同的岗位要求划分不同的类别

英国19世纪知名学者纽曼认为:"发现和教学是两种迥然不同的职能,需要迥然不同的才能,同一个人具备这两种才能的情形并不常见。"因此,根据各人的专长以及不同岗位的基本要求,将教学科研人员的岗位划分为教学科研并重类、研究为主类、教学为主类、应用推广类等不同类型。其中,教学科研并重类教师主要从事高水平科学研究、高质量本科和研究生课程教学工作;研究为主类教师主要从事基础研究和重大项目科学研究工作;教学为主类教师主要承担公共体育课、艺术课以及其他量大面广的基础课或专业基础课等的教学工作;应用推广类教师主要从事应用研究、技术转化和推广及咨询服务等。

2.根据不同类别实行不同的绩效考评办法

实施不同的激励方式和政策支持,根据不同类别教师的基本要求,制定相应的考核办法。教学科研并重类教师应以高水平研究、高水平成果和高质量教学为主进行考核;研究为主类教师以高质量的论文、研究成果在国内外的影响力和对社会发展的突出贡献等作为依据进行考核;教学为主类教师的考核依据包括教学态度、实际承担的教学工作量、教学研究工作、培养学生的质量等进行考核;应用推广类教师以其获得的科研经费数量、研究开发成果以及社会服务的效果和成果等进行考核。在对现有教学科研人员实施分类管理的同时,对新进入教师队伍的人员将主要纳入教学科研并重的岗位进行考核。

3.根据不同的学科特点实行分类管理

分类管理的方法还应该体现在不同的学科领域中,理、工、人文、社科类等学科有着不同的科研规律,如果说用一个分类和考核的标准来运用于所有的学科、所有的院系,显然是不合适的。因此,各校还需要从不同学科的实际出发,制定相应的考核、晋升和聘任办法。这种根据学科的不同特征和教师的个性差异,变一把"尺子"为多把"尺子"的分类考核管理,充分尊重了教师的主体地位,必将调动广大教师的积极性和创造性。

第三节　品　牌　人　才

高等教育的职能是培养人才、发展科技、服务社会,培养人才是高校首要和主要的职能。社会评价一个大学,很大一部分是看它培养的学生质量如何。高校要想在广阔的教育市场中赢得领先的市场份额、以高品质产品构成竞争态势并处于不败之地,就必须向社会提供优秀的毕业生,优秀的毕业生是高校高质量教学科研水平的结果,也是高校良好品牌形象的直接体现。因此,要创建品牌大学,就必须始终把教育质量放在突出的位置,深化人才培养模式的改革,精心制定人才培养方案并积极组织实施,以提升品牌资本,打造强势品牌。

一、品牌学生(人才)的内涵

培养什么样的人与怎样培养这样的人是我国高等教育教学改革的两个根本性的重大问题,也就是人才培养模式改革的问题。人才培养模式中有以下几个要素:专业设置、培养目标、培养规格、培养方案、培养途径。其中培养目标与培养规格的确定,是制定人才培养方案的前提条件。

(一)培养目标和规格应当把握时代的脉搏

进入21世纪后,社会需要什么样的人才呢? 概括起来,这样的人才应具有下列特点:①具有良好的职业道德。②具有踏实、细致、务实的工作态度。③合理的知识和能力结构。④较好的发展潜力和创新意识。⑤高尚的道德品格和人文精神。社会对人才的能力需求是多方面的、综合性的,大学的培养目标应为"全面教育",必须致力于培养有知识、有文化、有智慧、有责任的全面发展的人才;他们不仅在各方面得到全面的发展,更重要的是有强烈的社会责任感,具有可持续发展的能力,也就是说是个全面发展的人。

(二)培养目标和规格应当切合高校的实际

不同类型的高校应根据国家和经济社会发展对人才的不同需求以及各高校的自身条件,在履行高校职能中找准自己的办学定位、发展目标、办学性质和服务方向,确定人才培养的目标、规格,构建合理的知识、能力、素质结构。不同类型高校在构建各自的人才培养目标时必须符合目标市场的需求和自身办学定位的要求。

1.研究型高校人才培养目标与规格

研究型大学以培养高素质通识型、研究创新型的精英人才为目标,在培养人才的知识结构上,以"尖、宽、深、交"为目标,重视通识文化教育,加强基础学科、基础理论课程和学科交叉的课程模块的构建,力图实现学生的知识体系精深、广博与学科交叉的协调统一,培养理论基础厚、综合能力强、人文修养底蕴深厚的复合型人才。

2.教学研究型高校人才培养目标与规格

教学研究型大学是介于研究型和教学型之间的高校,主要任务是培养有研究潜力、具有一定的复合知识、以技术应用、技术开发为基本的高级人才。在培养的层次上本科教育占较大的比例,一般是研究生教育与本科教育并重;科学门类以多科性和综合性为主,学历教育一般都涵盖博士、硕士和学士完整的层次。因此,教学研究型大学以培养复合型、应用型的人才为主。

3.教学型高校人才培养目标与规格

教学型高校是培养应用型高级人才的主要力量,主要任务是以培养应用型、复合型人才为出发点,按"基础扎实、知识面宽、应用能力强、素质高、有较强的创新精神"的要求,以人为本,使学生"会学习""会创新""会做人"。因此,教学研究型大学培养的是面向基层、面向生产第一线的应用型人才,对应用型人才的要求是要有一定的理论基础、有较强的动手能力和二次开发的能力。

4.技能教学型高校人才培养目标与规格

技能教学型院校承担的是高等职业教育,必须针对职业岗位所需的技能,构建学生的知识、能力和素质结构,并通过创新实现结构的方式来实现人才培养的目标。在人才培养目标和规格上,高职教育要以就业为导向,以促进就业为目标,实行多样、灵活、开放的人才培养模式,把教育教学与生产实践、社会服务、技术推广结合起来,加强实践教学和就业能力的培养,加强与行业、企业、科研和技术推广单位的合作,面向市场,不断开发新专业,改革课程设置,调整教学内容。此类型高校以培养生产、服务、管理一线的技能型人才尤其是高技能人才为主。

二、品牌学生培养方案的策略选择

人才培养方案是高校实现人才培养目标和基本培养规格的指导性文件，是高校组织教学和进行教学管理的主要依据，是高校对教育教学质量进行监控和评价的基础性文件，是人才培养目标与规格的具体化、实践化形式，是实现人才培养目标和基本规格要求的总体设计蓝图，是高校实施人才培养工作的纲领性文件，对人才培养质量的提高具有重要的导向作用。构建科学、合理的人才培养方案，必须从以下三个方面着手。

(一)构建"三要素"

1.培养方案主线的选择

培养方案主线也是制订专业课程体系的主线。恰当地确定这条主线是科学地、规范地构建一个整体优化的人才培养方案的首要环节。所谓培养方案主线是旨在让学生形成合理的知识、能力、素质结构设计的一种发展线路或者路径。选择以什么样的主线设计培养方案会形成不同的人才培养结果。具备多种素质特征。高等学校必须从学科发展的综合化、整体化高度来重新审视人才培养过程，所培养的人才既要具有共性，又要具有个性，具有较强的创新精神和实践能力。因此，构建人才培养方案应当以"三位一体"为主线，即以"融传授知识、培养能力与提高素质为一体"作为构建本科专业培养方案的主线。

2.培养方案结构模式的选择

专业培养方案的结构模式,既指专业课程体的结构模式,也指教学计划的结构模式,即按照什么样纵向关系及横向联系排列组合各类课程,是构建培养方案的重要问题。目前各高校正在实施"按学科大类招生、宽口径分流培养",以"融传授知识、培养能力与提高素质为一体"的课程体系结构模式。该模式具有以下特点:一是具有系统综合的知识结构。理论教学基本上是"平台—模块式结构"。其中的平台是公共基础课平台、学科基础课平台按照组成学科专业的大基础教育两级平台;其中的模块是专业知识体系的内容分解,并按其结构与功能组合而成各种课程群。二是理论联系实际。每一个课程模块大都有与之相应的实践教学环节,包括实验、见习、实习、课程设计。而实践教学环节贯穿整个培养过程,直至毕业实习与毕业设计(论文)。三是在普通教育平台设置人文社会科学基础与自然科学基础模块,加强思想政治素质、文化素质与身体心理素质的教育与培养;而学科基础平台、专业方向平台上,除继续上述三方面的素质教育与培养外,在理论教学、特别是在实践教学中更要重视专业素质、职业道德的教育与培养。四是专业方向平台构建了专业方向模块群和专业选修课模块群两个模块群。既能够让学生根据自己的兴趣、爱好、个性选择专业分流方向,又能够根据分流时经济和社会发展需要灵活自主选课,既体现了专业设置的灵活性和适应性又体现了分流培养的个性,这是一种优化的结构模式。

3.培养方案的技术路线选择

人才培养方案改革,在选择好构建培养方案的主线和根据不同的学科专业,选择好课程体系的结构模式后,下一步就是选择适当的技术路线,具体地构建起专业的课程体系与作为实施方案的教学计划。技术路线选择应该以专业培养目标与培养规格为基点,遵循一定的原则,实施一定的环节,以"融传授知识、培养能力和提高素质"为主线,构建出一个整体优化的"三位一体"的培养方案或课程体系、教学计划。在这条技术路线中,各专业应按培养目标和基本规格要求整合课程,体现"厚基础、宽口径、强能力、高素质"的原则;英语、计算机教学不断线,进行分流教学的原则;贯彻全面发展的素质教育精神,充分体现学校的办学优势和特色,注重培养创新人才的原则。贯通理论教学体系与实践教学体系的紧密联系,使知识的传授与能力的培养相辅相成,把素质教育贯穿到理论教育与实践教学的全过程。这就是构建整体优化的"一体化"课程体系的技术路线的关键所在。

(二)把握"三对关系"

1.共性与个性

共性与个性是哲学意义上的一对矛盾,离开共性的个性或离开个性的共性都是不成立的,具体到人才培养方案中,有着统一要求与因材施教的一对矛盾。共性培养的理由有三:一是可以更好地促进学生的社会化成长。二是可以更好地对某一学科专业学生的质量进行评价。三是可以更方便地实施教学活动并提高教学的规模效益。个性培养的理由也有三:可以更好地促进学生的个性发展;可以更顺利地组织教学活动并提高教学效率和效果;有利于学生的创新能力的培养。共性与个性的矛盾具体到人才培养方案之中就是必修课与选修课的比例分配上。必修课是学生必须掌握的知识、技能,以保证人才培养的基本规格和质量,达到统一的培养标准。选修课是让学生自主选择的课程,目的是满足每个学生的兴趣、爱好和特长,满足个性发展的需要。因此,在市场经济不断建立和完善的过程中,人才培养方案要坚持共性培养和个性培养相结合,充分体现多方向、多规格、分层次、模块化、个性化,增加模块的区别度,更多地提倡个性化培养,因材施教,提高学生的适应性,促进学生的个性发展。

2.精英教育与大众教育

精英教育与大众教育并不是矛盾和对立的,两者各有其存在的价值和生存空间,发展大众教育并不排斥精英教育,对于一些具有较强办学实力、悠久办学传统的研究型大学而言,他们需要为国家培养一批精英人才,而对于大多数普通本科院校和高职高专学校,则是以培养各级各类专业技能型人才为己任。在方案的设计中,各校应该根据自己的目标定位、生源质量、办学条件和服务方向综合考虑课程体系和课程模块供学生选择。

3.教师本位与学生本位

课程体系是人才培养方案的重要内容,课程是实施专业人才培养的主要载体,在课程体系设计过程中是立足于教师还是着眼于学生,是两种极不相同的本位观。学生本位强调以学生为教学的中心,充分考虑学生的知识要求、兴趣和能力倾向;教学中的"教"和"学",重点和中心在于"学",学习是学生在与环境的交互作用过程中理解、掌握、完善、创造知识的过程,所以学习的效果有赖于学生的主动介入以及优越的教育环境的提供。

高等教育的功能和特点规定着大学必须以学生为中心从事教育教学工作。学生本位的人才培养方案设计要求方案的制订者——广大的教师,切实更新思想观念,实现价值本位的转移,把学生以及其需要作为关心的重点,在制定人才培养方案时加强课程内容与学生生活以及现代社会和科技发展的联系,关注学生的学习兴趣和经验,为学生提供良好的学习环境,教师协助学生从事各种学习活动,促进其知识的获取和潜能的发挥。

(三)强调"三个结合"

1.学院化培养与社会化选择相结合

从人才需求的角度而言,学校是人才市场上的"供方",而用人单位是人才市场上的"求方",供求双方必须相互结合,互相适应,才能使得供求趋于平衡,从而,促进高校人才培养的可持续发展。如今,社会对人才素质要求相应提高,大学毕业生必须接受职业标准的考验。因此,面对市场人才需求的动态变化,高校要根据各自的办学条件、特点和社会需求,进一步科学定位,密切关注市场的风云变幻及时捕捉社会对各类人才的需求信息,切实加强对社会生产发展的调查研究,分析和解读人才供求,适时适度地调整专业结构、专业方向、课程设置等,以优化人才培养方案。

2.理论教学与实践教学相结合

理论与实践相结合,是马克思主义唯物辩证法认识论的基本观点,认识的过程包括两次飞跃,由实践到认识(感性认识+理性认识),把感性认识上升到理性认识,又由认识到实践(理性认识回到实践中去)。从感性认识上升到理性认识,是认识过程的第一次飞跃;从理性认识到实践,即用理性认识去指导实践,并接受实践的检验,是认识过程的第二次飞跃。认识辩证过程的第二次飞跃比第一次飞跃更为重要。第一次飞跃解决的是认识世界、形成思想的问题,第二次飞跃解决的主要是改造世界、实现思想的问题,同时又是认识过程的继续和完善。两次飞跃是对立统一的关系。理论教学是高校教学过程的主要环节,是教师向学生传授知识的主渠道,是学生认识的第一次飞跃;实践教学是高校人才培养过程的重要组成部分,是实施学生能力与素质培养的关键所在,是学生认识的第二次飞跃。理论教学和实践教学共同作用于学生的成长成才过程之中,两者相辅相成。在人才培养方案的制订中,要将两者有机地结合起来。理论教学要通过不断优化教学内容、教学方式和方法来体现,具体包括:在教学内容的优化组合与设计中,要保证理论体系的完整性和连贯性,做到通与专的结合,充分体现人才培养的目标规格要求,重视实际工作能力的培养和基本技能的训练;在教学方式和方法的优化与设计中,结合不同的教学内容、不同的教学环节,探索性地将案例性教学、实践性教学、模拟式教学、讨论式教学、自学答疑式教学、科研式教学等各种行之有效的教学方法和手段应用到教学之中,增强学生的实践能力;在实践教学培养方案的规划与实施中,要把握好与理论教学内容的衔接,与课程及专业教学相协调,统筹安排,系统设计,满足知识、能力、素质培养与训练的连续性要求,使学生通过基础实践、社会实践、综合实践的平台,检验所学知识,提高实践能力,达到知识、能力、素质的共同提高。

3.统一性与多样性相结合

培养方案的制订与优化,既要体现出国家对人才培养质量和类型的总体要求,也要展示出各校自身专业培养目标和人才培养模式的特色。统一性是指人才培养方案应当体现和满足国家对人才培养质量和类型的基本要求,如国家对本专科教育规定的学制要求,对教学计划内必须完成的学时数的要求以及为保证社会主义办学方向而对高校开设的思想政治理论课的基本要求等;多样性,即高校人才培养服从于社会对不同专业、不同层次人才的需求,并依据自身的办学优势,而表现出来有别于他校独具特色的人才培养模式。两者相辅相成,不可分割。没有统一性,人才培养方案就不符合国家的统一标准;缺乏多样性,人才培养方案就不能体现高校的办学特色和人才培养优势。

因此,制定和优化人才培养方案必须坚持人才培养统一性和多样性的有机结合,即在坚持人才培养统一性的基础上,构建文化素质、专业基础、专业技能等各方面有机结合的基础教育平台,根据不同专业人才的培养目标和特色需求,适时调整人才培养方案的课程设置,合理安排教学学时和学分,创新人才培养模式,使得培养出来的人才具有优于他校的素质特性。

三、品牌学生培养方案的组织实施

（一）优化人才培养环境

1.创造积极进取的文化环境

个性是创新思维产生的基础,只有个性得到了充分的发展才能有不同一般的创新。高校要培养具有创新精神和创新能力的高素质人才,必须要加强文化素质教育,提高学校的文化品位,创造民主、进取的文化环境。民主是创新的社会文化氛围和健康的个性意识存在和发展的基础,只有民主才能自由、平等,才能有个性的存在和发展,才能形成有利于培养人才的育人氛围。进取精神是社会主义文化的内在要求,也是我们民族得以生存和发展的基础,进取精神为学生培养创新意识和创新活动提供了社会文化动力。在市场经济日趋完善的今天,高校必须要营造创新人才健康成长所需要的民主、进取的文化环境。

2.创造先进、开放的实践环境

世界科学技术迅猛发展,经济全球化趋势日益明显,各国综合国力的竞争体现在人才质量的竞争,国家的现代化必须要求教育的现代化,现代化的教育除了有先进的教育理念来指导,还要有先进的教学设备来支撑,需要培养既具有丰富的理论知识,又具有很强的实践动手能力的创新型人才。因此,高校应当为学生提供设备先进、设施齐全的实验室、科研基地和校内实习基地,以瞄准现代科技发展为出发点,调整专业教学计划,优化实践教学体系,增加实践教学时间,在"双师"型教师的指导下,使学生获得系统而综合的实践训练,参与教师的科研项目,并积极开展形式多样的科技文化活动,提高动手能力、专业理论与实践相结合的能力,为学生创新意识的培养和创新能力的提高奠定坚实的基础①。

3.创造积极、向上的激励环境

人的潜能需要有效地激发,要创造有利于学生健康成长的激励环境,必须改革传统的以知识记忆为主的考核评价制度。应该在坚持中国共产党的教育方针的前提下,实施因材施教,深入改革评价制度,改革考核制度,使学生在校内外、课内外的学习实践状况得到全面而客观的评价。尤其是课内文化知识的考核,可采取口试、操作、笔试等多种形式,减少客观性、记忆性题型,增加主观性、综合性的题型,鼓励学生有独特的、新颖的见解,使学生获得个性的发展。

(二)深化教育教学改革

1.不断更新教学内容

教学内容的改革是适应社会发展需要,按规格对人才进行培养的最重要的因素。因此,人才培养方案的改变,主要是内容的改变,包括内容的增减、侧重点的处理等,在教学内容上,要"少而精""高精尖",既要安排系统性强、集成度高的课程,又要体现不同学科相互交叉、渗透、融合的时代特征;既要有知识延展性,又要有规律推导的前瞻性,及时填充新的科技和社会发展的成果,使学生及时了解本学科的发展前沿和发展趋势,形成新的立足点和宽广的视野;既要实现本土内容国际化,又要使得国际内容本土化,实现教学内容的"古今结合、中

① 吴慧源,侯莉敏. 高校"双师型"师资队伍的教学评估机制完善[J]. 黑龙江高教研究,2019,37(07):116-119.

外结合"的相互统一。

2.不断改革教学方法

教学方法是促进教学质量提高的必要手段。建立以大学生为主体的教学过程,实现教学活动从"教学向实践"的转移,创造有利于大学生主体意识、主体精神和主体能力健康发展的教学方法,开展研究式教学、互动式教学,培养学生的独立思考和批判思维能力。构建新的实习、实验、实践体系,开设体现"开放性、探索性、研究性"的实验课、实习课及课程设计等实验、实践性课程,培养学生的自主精神、创新意识和创造能力,充分调动学生的积极性、主动性和创造性。

3.不断改进教学手段

教学手段是传递教学信息的媒体和教学的辅助用具。现代化教学手段由于采用了高技术,在很多方面突破了常规教学手段的范围,对教育的普及、教育机会的均等以及教育质量和效率的提高做出巨大贡献。在高校的教学工作中,要通过现代化手段的教学,使知识结论得出的过程更为直观明了,提高教学效率;通过现代化手段的浸染,使学生形成现代化的观念,使手段成为教学内容的一部分,从而实现从内容到形式两方面对学生的塑造。

(三)构建质量保障体系

1.外部监督指导保障系统

外部监督保障系统是指政府、社会、学生家长对高校教育质量的监督。外部的保障是通过在办学经费、组织机构、法律规范、社会影响、评审激励和竞争机制等方面创造一定的物质条件,营造一种有利于保持和提高教育质量的氛围,实现政府、社会、学校并举,共同保障的格局。具体而言,有以下途径来实现:一是法律监控手段,通过制定各类具有法律效力的社会行为规范,以保证高校的教育质量。二是完善组织机构,建立、健全指导、统筹、协调、检查全国高校教育质量的组织机构,形成共同保障的机制。三是建立评审信息库,在各院校建立信息库的基础上,评估人员从纵横两个角度对评估对象进行客观公正的评价。四是发挥社会舆论的宣传导向和监督功能,允许通过审核的中介机构、新闻单位、学术团体等组织对高校进行声誉调查、学术排行、水平评估,通过舆论宣传和影响,促进高校自觉、主动、积极地做好教育质量保证工作。

2.内部质量保证系统

内部质量保证系统是高校自身对内部教育质量的管理和控制。高校内部的质量保证系统由输入保证、过程保证和输出保证构成,它是全面性、全过程性、全员性的质量管理。具体而言,通过以下途径来实现:一是输入保证。也即教育资源输入的高质量,这里所言的教育资源既包括生源、教育经费、图书资料、仪器设备等硬资源,也包括科学的教育思想和完备管理制度等软资源。二是过程保证。即在人才培养方案实施过程中,建立动态监控、分析机制,对教学质量及存在的问题及时做出评估和诊断,并采取校正措施,以最大限度地保证教学质量。从多个角度,用多种方式进行监控分析,考察的时间除了教学的阶段性时间(学期初、期中、期末、学年)等外还需不定时地进行检查,发现问题并进行分析,找出原因及时地予以纠正。监控的内容主要有:课程计划、教学风气、师资培养、教学纪律、设备使用、作业的布置与批改、考试考查制度、学籍管理、考试命题与组织纪律、教学质量评价、教师考核晋升制度、课堂教学质量等。三是输出保证。既对人才培养方案自身的可调整机制，这是教育质量形成、发展流程的最后一环，在时间上属于反馈控制阶段。内容主要有学生的发展、毕业生就业状况和用人部门的评价、科研活动和科研成果及教师发展等。

总之，构建高等教育质量保证体系，保证高等教育质量满足社会经济发展和消费者的需要，不但要有高校内部自身教育教学质量保障系统，还必须有政府和社会对高校教育质量的外部监督系统，要内外并举，以内为主，以外促内，建立以学校为基础，以社会为重点，以政府为主导的高校教育质量保障体系。

第四节 品牌制度保障及其他

品牌构建是一项系统工程，它涉及教育思想与教育观念、人才培养模式、专业设置、教学内容和课程体系、教学方法和教学手段、教学组织与管理、师资队伍、教学评价等诸多因素，这些因素相互关联、相互制约，构成了一个有序的动态系统。

一、教育制度是品牌构建的保障

大学教育制度的核心内容是人才培养模式的问题。人才培养模式是学校为学生构建的知识、能力、素质结构以及实现这种结构的方式,它从根本上规定了人才特征并集中体现了大学教育思想和教育观念。当前,高等学校的人才培养目标,是为社会主义现代化建设培养德、智、体等全面发展,基础扎实,知识面宽,能力强,素质高,适应面广,富有创新精神和实践能力的各级各类合格的专门人才。为此,不少高校在重视对学生进行知识传授的同时,特别重视学生实践能力和综合素质的培养[①]。

(一)高度重视大学生素质教育工作

不少高等学校成立了以校(院)长为组长的大学素质教育领导小组,出台了关于实施素质教育的一系列措施,以课堂教学作为实施素质教育的主渠道和主阵地,把素质教育系列课程列入教学计划,作为必修课或选修课开设。此外,鼓励各教学单位积极开展素质教育实践,把学生创新意识的培养作为素质教育的一项重要内容,落到实处。

(二)重视学生动手能力和创新能力的培养

不少学校重视加强学生计算机应用知识和能力的培养,要求学生参加国家和省教育厅组织的计算机等级考试,且与学位挂钩。通过这一系列行之有效的措施,学生计算机等级考试合格率得到了普遍的提高。一些学校还把组织学生参加全国大学生电子设计竞赛和数学建模竞赛作为数学、物理教学改革的一项重要内容。通过组织学生参赛这一有效措施,进一步改革教学内容和课程设置,加强实践性教学环节,促进学

---

①陈哲夫,陈端吕,彭保发.地方高校人才培养模式的现状与发展审视[J].科学咨询(科技·管理),2019(09):24-25.

科教学的改革与发展。一些学校还专门设立了大学生科研基金,用以资助大学生的科研活动,每学期评选一次优秀论文,并给予重奖。教务处还把学生的学年论文和毕业论文作为必修课程,列入教学计划,规定了足够的学分,毕业论文与学位挂钩。

二、学科专业建设是品牌构建的质量核心

学科专业设置反映了大学人才培养的业务规格和工作方向,是安排招生、进行培养、授予学位、指导毕业生就业以及进行教育统计的重要依据。人才培养观念和模式的转变,必将促进学科专业设置的不断更新。教育部根据社会、政治、经济、文化、科技发展的需要以及高等教育自身改革与发展的需要,遵循高等教育可持续发展规律,为大学人才培养工作提出了新的、更高的要求,特别体现在进一步拓宽了专业服务口径,充实并扩大了专业内涵,淡化了专业方向。

第六章 公共关系传播主客体与媒介分析

第一节 公共关系传播主体分析

公共关系的主体要素是社会组织,社会组织是公共关系活动的策划者和组织实施者。在公共关系中,社会组织对公关活动起到决策、发动、组织、实施、控制、管理等决定性作用。具体地说,它有三个层次:社会组织、代表社会组织行使公共关系职能的公共关系机构、代表社会组织具体执行公共关系职能的公共关系工作人员。

一、社会组织

(一)社会组织的特征

社会组织是公共关系的第一构成要素,是公共关系的主导,它决定了公共关系的状态、活动、发展方向。社会组织是指为了共同的目标,通过对人员进行不同的分工,使之发挥不同的功能,并利用不同的权力和职责合理地协调群体活动的体系。在协调公众关系、改善公众环境中,在树立自身形象、提高社会信誉中,在内外沟通联络、谋求合作发展中,社会组织都是总体的控制者和组织者,处于公共关系的主导地位。

社会组织有其鲜明的特征,具体表现如下。

1.社会组织的目标性

任何社会组织都是为了实现一定的目标而建立起来的,组织目标是辨别组织的性质、类别、职能的基本标志,也是确定组织原则、组织宗旨、组织章程、组织计划的基础,对组织的活动起着指导和制约作用。任何社会组织的建立都有明确的社会目的,都有本身的目标追求,确定目标是建立社会组织的最重要条件。共同目标是维系社会组织的基础。组织是由生活在同一社会背景中的多数人的集合体,不同的组织有不同的目标。因此,社会组织虽然形式多样,内容各异,但它们的活动都是围绕着自身的共同目标而展开的,如学校的目标是培养人才,医院的目标是救死扶伤,工厂的目标是生产产品等。

2.社会组织的系统性

社会组织是由其下属的各部门按一定的结构组合而成的整体。社会组织及其内部的公关部门和从业人员来负责行使组织的公关职能;组织也为他们进行思想指导并提供开展公关活动的条件。社会组织是按照系统方式构建的,首先组织系统内部各部分之间是相互联系、相互制约的,其中任何一个部分发生变化都会影响整体变化。从内部结构看,组织成员按一定的人事关系形成系统,从外部环境来讲,社会是一个多层次的复杂大系统。社会组织存在于一定社会环境之中,组织系统与外部大系统相互联系。因此,组织以系统的方式来进行构建才能最佳地发挥组织的独特功能。

3.社会组织的开放性

任何社会组织都是在一定的社会环境之中,与环境不断进行精神、物质、信息和能量的交流,以适应和影响变化着的环境。因此,社会组织是一个开放性系统。社会组织的生存与发展离不开环境,它既要受环境的影响,又要对环境产生作用。一方面组织要有适应性,根据环境输入的物质、能量、信息而调整自己的结构或功能;另一方面组织又要发挥自身的能动性,以自己的功能影响或改变与组织发生联系的环境。

4.社会组织的变动性

社会组织生存在社会环境之中,社会发展及其社会环境的变化对社会组织的生存与发展必然产生一定的影响。组织的变化在某种程度上也往往要取决于社会环境的变化。组织的变动具体是指两方面:一是社会环境是不断变化的,要适应这一变化,社会组织就应适时地进行目标、功能、机构及人员的调整。二是社会组织本身也不断发展变化,在不同的发展阶段,组织的形象目标也会有所不同。因此,随着环境的变化,组织也要不断修正、调整自身及其公关工作的目标、职能、机构、运作方式以及对人员的要求等,以提高和加强自己的应变能力,创造更有利于组织的生存和发展的条件。

(二)社会组织的类型

不同类型的社会组织的性质、目标、职能、结构形式和活动方式不同,其公关工作的重点、具体对象、实务活动和运作方法也不同。这就要求我们掌握社会组织的有关知识,以便更有针对性地开展公共关系工作。对社会组织进行分类,是为了开展公关工作时,能够比较准确地判断其组织性质、任务,进而把握其公共关系行为和公众类型,为以后的公共关系工作寻找策划运作的依据。

1.按组织的社会职能分类

按组织的社会职能分类可以把社会组织划分成以下类型。

(1)经济组织:它是最基本的社会组织。它担负着向人们提供衣、食、住、行和文化娱乐等物质资料的任务,并要实现其所有者和经营者的利益。其特点是,从事经济活动,具有经济职能。它包括工商企业、金融组织、交通运输组织、服务性组织等。经济组织公共关系的主要任务就是要建立一个良好的生产经营者形象,争取更多的顾客、消费者和其他公众的支持,以使本组织在发展中不断增强竞争力。

(2)政治组织:这类组织是为某种政治目的而组建的。它包括政党组织、国家政权组织、国家力量组织、国家司法组织等。它负责提出奋斗目标、制定方针政策、组织社会的经济建设、保卫国家政权、处理与他国的关系等。政治组织公共关系的主要任务是在人民中树立其良好的领导者、管理者、保卫者、服务者形象,得到广大人民群众的拥护、理解和支持,完成其政治职能。

(3)文化组织:这类组织以满足人们的文化和精神需求为目标,以从事精神文化活动为任务,如文化艺术团体、教育科研单位、博物馆、文化馆、体育馆、俱乐部、医疗卫生部门等。这类组织公共关系的主要任务是塑造优秀的精神文明建设者和文化教育卫生事业服务者的形象,争取社会各方面尽可能多的人民群众支持、关心、参与。

（4）群众组织：这类组织是具有共同利益和共同志趣的个体组织起来的群体。它包括群众性协会、团体、学术性组织等。在我国，工会、共青团、妇联、青联、文联、作协、科协及其他专业学会、协会等都是群众组织。这类组织公共关系的主要任务是在人民群众中树立起社会利益和群众利益的捍卫者、呼吁者形象，取得社会各方和人民群众的支持，为群体和广大人民群众服务。

2.按组织目标与受益者的关系分类

按这种分类方式通常将组织分为以下几个类型。

（1）营利性组织：例如工商企业、服务行业、金融机构、旅游服务性单位、宾馆等，其公关工作的一个重要任务是如何为组织增进效益。营利性组织侧重开展促销型公共关系活动。

（2）服务性组织：这一种组织是以服务对象的利益为目标，为服务对象谋求利益，不以营利为目标。这类组织有学校、医院、慈善机构、社会公共事业机构。这类组织公关工作的重要任务则是提高服务质量，以质量求信誉，通过提供各种高质量的服务显示组织诚意和品位，密切与公众的关系。服务性组织侧重开展公益服务型、实力展示型的公共关系活动。

（3）互益性组织：这种组织以组织内部成员之间互相获得利益为目标，即组织内各成员之间相互都有好处，如群众团体等。互益性组织侧重开展内部沟通型、社会公益型公共关系活动。

（4）公益性组织：这种组织是以国家和社会利益为目标。公益性组织侧重开展公益服务型公共关系活动①。

①郭小刚,胡今.公益组织与慈善文化[M].沈阳:辽宁大学出版社,2016.

(三)社会组织的环境

社会组织存在于复杂的宏观和微观环境之中,其存在和发展必然要受到环境的制约和影响。一方面,社会组织的运作方式要同一定的社会环境相适应,组织成员要通过对环境的监测和把握来选择,确定合适的运行方式和管理方法;另一方面,组织成员也必须想方设法创造有利的环境以实现组织的目标。因此,对所处环境的调节与控制,也自然成为社会组织公共关系工作的一项内容。社会组织的环境大致分为两个方面:一是组织的内部环境。二是组织的外部环境。这两者构成了社会组织的环境系统。

1.社会组织的内部环境

社会组织的内部环境,包括组织内部的人际关系环境和组织内部的管理环境,其中人际关系环境是社会组织内部最普遍、最重要的内部环境。做好组织内部公共关系工作是组织做好内部环境建设的重点。在现代社会,一个组织要想生存发展,必须具有较强的竞争力,而健全的运行机制、良好的工作业绩以及全体成员的精诚合作是一个组织立于不败之地的根本保证。现代社会组织往往是由相互依存、相互联系的若干要素组合而成的一个复杂的系统。组织内部各职能部门之间能否密切配合、步调一致,组织成员是否爱岗敬业、士气高昂,反映着这个组织是否具有生存和发展所必需的生机与活力。一个组织的公共关系目标能否得以顺利实现,首先也要取决于组织内部公众是否真诚接纳,因此,协调组织内部的关系,使组织内部全体成员都为组织目标的实现献计献策,尽心尽力,这是组织内部环境建设的重要任务。

2.社会组织的外部环境

社会组织的外部环境,主要是指组织的生态环境、社会文化环境、政治环境和经济环境。如果说组织的内部环境重在影响组织本身的运作过程,那么,组织的外部环境则重在制约组织的运行方向和目标。社会组织生存于确定的社会环境之中,其形象的塑造必须要考虑环境的要求并与之相适应,否则,再好的公共关系方案也不可能取得预期的效果。

生态环境是指社会组织所处的自然环境,包括土壤、气候、地理位置等,自然环境一般相对稳定。社会文化环境包括人口数量、年龄构成、人口的生理状况、文化水平等。

社会文化影响着社会组织成员的思想、观念和认识方法,同时也决定着对社会组织所开展的公共关系工作的评价。富有创意的公共关系活动,如果得不到外界公众的认可也是徒劳的。

政治环境与经济环境也是相互关联的,具有重要作用的外部环境因素。政治环境主要是指对社会组织活动有制约作用的社会政治制度、政治结构及政治关系等因素。它主要通过组织体系的合理化和有效的权利分配机制对组织产生影响。政治关系则表明一定社会中的各种社会角色在政治体系运行中所形成的关系。这种关系往往影响着社会组织公共关系目标的选择和实现的程度。

经济环境是影响社会组织生存与发展的最基本因素。经济环境主要是指特定的经济制度和结构、经济实力和发展水平等相关因素,这些因素无论对组织的形态特征,还是制度特征或行为特征都有强硬的制约作用。当然对不同性质、不同规模的社会组织而言,环境因素的影响力和制约作用也会有所不同。正因为如此,组织决策者对不同环境因素的重视程度也会有一定的差异。

二、公共关系机构

公共关系机构是组织内部从事公关工作的部门和社会上提供公关服务组织的总称,就目前的情况看,公共关系机构主要分三类:一是社会组织内部设立的公共关系部。二是社会上成立的公共关系公司。三是公共关系学术界成立的公共关系协会。

(一)公共关系部

公共关系部是社会组织内部自行设立的专门负责处理公共关系事务的部门或机构。公共关系部是社会组织公关职能部门常用的名称,也有称作公共事务部、公共广告部、对外关系部、信息广告部、社区关系部、市场推广部等。

1.公共关系部的类型

通常我们将公关部分为以下几种类型。

(1)部门所属型:这种类型的公关部通常附属于行政部门、销售部门,或广告宣传部门,其地位不是很突出,公关工作只是一种偶然性的活动。一般适合小型企业或组织采用。

(2)部门直属型:这种类型公关部与企业其他的销售财务、人事、技术各部门处于同一层次是二级部门,地位较突出。当然要成功地开展工作,还需积极与其他部门密切配合。

(3)领导直属型:这种类型的公关部从组织系统和组织地位来看,属于第三级机构,归属于部门经理负责领导,是一个有相当自主权的职能机构。这种设置类型综合以上两种类型的优点,有利于公关工作灵活全面开展。

(4)职能分散型:在许多企业的机构设置系列中,不设公共关系部,但可将公共关系的职能分解在其他部门。如有的企业在营销部门中有专门从事企业及产品形象宣传和调研工作;在宣传部门中,有专门负责与新闻媒介联系的工作等。

2.公共关系部的作用

公共关系部主要有以下几点作用。

(1)信息调研:公共关系部搜集的信息主要有:组织向社会提供的产品或服务的形象信息;关于组织自身总体形象的信息;关于社区的民意和舆论情况。公共关系部门要积极搜集来自内外公众的各种信息,收到大量信息后,要进行处理,去粗取精,去伪存真,以便感知和预测影响组织目标实现的公众态度及社会环境的变化。公关部要及时、准确地向组织提供环境变化的信息,帮助组织准确分析并预测环境的变化,从而进行适当的行为和目标的调整,这要依靠完善的信息网络和广泛的信息沟通渠道来完成。

(2)决策咨询:在采集、整理、分析信息的基础上,为组织目标的实现提供选择的决策方案,或对已有的决策方案提出咨询的意见,协助组织决策者进行科学决策。在此方面公关部的作用是协调组织决策者分析、权衡各种决策方案的利弊;预测组织决策所产生的社会后果;提示组织决策者修正不利于组织长远发展的政策与行为等。

(3)协调沟通:借助各种媒介有效地与公众进行信息交流,获得公众的理解和信任,支持与合作。组织内部的公关机构要不断地向公众宣传组织的政策,组织的行为,增加组织的透明度。现代组织是一个开放的系统,它必须与公众实现有效的沟通。因此,传播信息、增强组织的知名度、美誉度是其重要职能,对外赢得公众,对内增强组织的凝聚力。它还应通过对外联络,为组织发展友谊、化解矛盾、协调关系。

3.公共关系部的工作内容

公共关系部的工作主要包括对外关系协调、对内关系协调和专业技术三方面。

(1)从事外部关系的协调:主要涉及媒介关系、政府关系、社区关系等,其具体工作有:负责同新闻媒介、出版机构的合作关系;负责同政府有关部门的联系;负责与社区的联系;对消费者进行产品促销活动;进行各种礼宾接待工作等。

(2)从事内部关系的协调:包括员工关系、部门关系、股东关系、干群关系等。其具体工作有:与员工沟通;教育引导员工增加公关意识,真正实现"全员公关";编辑、出版内部刊物;搜集组织内部员工的各种意见;参加董事会及生产、销售等主要部门的会议;为领导层确定公共关系目标提供方案,并为其他决策提供咨询;培训公共关系工作人员等。

(3)专业技术工作:其具体工作有:组织安排庆典活动;组织安排开(闭)幕仪式;策划和组织纪念活动;举办记者招待会;安排领导人与新闻媒介的接触;举办展览会;举办参观活动;开拓广告业务;负责图片、摄影等技术性工作;民意调研,进行舆论意见研究等。

4.公共关系部的人员配置

公共关系部的人员配置应视社会组织的规模和公共关系

部的工作量而定,当然也要本着机构精简、人员精干的原则来考虑。根据公共关系部的工作要求,通常需要配备以下五类人员。

(1)调查分析人员:公共关系调查分析工作,是开展公关工作的前提和基础。调研信息的质量关系公关工作的成败,作为一名调查分析人员应具有市场学、社会学、社会心理学等方面的知识和各种社会调查的经验。

(2)策划人员:公共关系部为实现社会组织的某种目的,要进行一系列的公共关系活动,要想使这些活动取得良好的效果,就需要有高水平的策划人员。有创新思想,才能策划出优秀的公关案例。

(3)编辑、撰稿人员:这类人员主要任务是采写新闻,撰写各种报告、请示,编辑各种刊物、年度报告、年鉴等。这类人员需要有新闻写作的知识和经验。

(4)组织人员:其任务主要是具体组织、管理公共关系活动。他们一方面要充分了解公共关系实务的工作原则、方法和技巧;另一方面还要有组织管理能力及处理日常事务的能力。

(5)其他专门技术人员:如摄影师、印刷设计师、法律顾问等,这些专门的技术,人员也是不可缺少的。

(二)公共关系公司

公共关系公司又称公关咨询公司、公关顾问公司、公关事务所,是指由公关专家和专业人员组成,独立于社会组织之外,以提供公关咨询服务为主要工作内容的知识密集型的专业机构。公共关系公司的业务范围很广,能参与多方面的公共关系事务并提出建议,提供服务。公共关系公司的基本职能是对客户的一切影响公众利益的活动予以指导、建议和监督,帮助客户与社会公众之间的双向信息交流沟通,为客户建立美好的声誉和形象。公共关系公司的工作实际上是公共关系部工作的社会化。

1.公共关系公司的类型

依据不同的划分方式,公共关系公司有多种类型。从国际上看,公共关系公司大致有以下几种类型。

(1)综合服务咨询公司:这类公共关系公司以分类公共关系专家(如媒介关系专家、消费者关系专家、社区关系专家、员工关系专家等)和公共关系技术专家(如演说专家、出版物专家、民意测验专家、宣传资料专家等)为主体组成。这类公司经济实力较为雄厚,业务范围广泛,能为客户提供综合性的服务。

(2)专项业务服务公司:即以各种专业人才、技术和设备为客户专门提供各种公共关系技术服务的公司。例如,为客户专门提供广告设计服务或专为客户提供形象调查服务等。

(3)特定行业服务公司:这类公共关系公司是为特定行业提供公共关系服务的公司。如帮助工商企业推广业务、促进经营、维护合法权益和树立良好形象的公共关系公司。

2.公共关系公司的工作模式

公共关系公司的工作模式如下:①提供公关业务咨询。就客户提出的公关问题,提供建议和咨询,提供某方面的信息等,供客户决策层参考。②策划实施公关活动。受客户委托,全权负责某项专题公关活动,如市场调查、公众调查,大型活动方案的制订和执行,充当客户的引见人和调解人等。③代理客户的公关工作。受客户的长期聘请,包揽客户的全部公关工作或指派公关专家做客户的长期公关顾问。

3.公共关系公司的工作内容

公共关系公司的业务可分为咨询业务和代理业务,具体工作内容包括以下几个方面:①确立公共关系目标。即通过协助客户开展调查研究,分析原因,提出解决问题的办法,进而确立公共关系目标。②制订实施计划。根据已确定的公共关系目标以及客户存在的实际问题,帮助客户制订出有效的公共关系计划,并协助客户实施公共关系计划。③培训人员。接受客户委托训练公共关系人员,以提高他们的业务水平和工作能力。④编制预算,帮助客户编制公共关系预算。⑤协助客户开展内部公共关系工作。⑥协助客户处理社会性事件,消除不良影响。⑦帮助客户进行公共关系计划实施效果的评估。⑧为社会组织提供公共关系专题服务,如企业中的公共关系机构如何设置,公共关系人员如何培训,某个公共关系难题如何处理等。⑨为客户提供公共关系一般业务服务,如帮助客户联系新闻媒介,策划专题活动,组织大型会议、撰写稿件等。

4.公共关系公司的工作程序

公共关系公司的工作程序一般分为以下几个步骤:①接受客户委托并签订协议书。协议书的签订表明委托关系的正式形成,这种委托的形成既可以由客户主动提出,也可以由公共关系公司主动联系。②调查研究与分析。针对客户的公共关系目标,对公共关系现状和影响公共关系目标实现的因素进行调查分析。③撰写委托报告书。根据调查研究的结果,向客户提交开展委托、开展公共关系事务的详细方案的报告。④进行可行性论证。主要是对委托报告书中的方案是否能够达到公共关系目标以及是否具备实施的条件进行论证。可行性论证要有客户代表参加,若被通过,可进行下一步骤,若未能通过,则重新进行调查研究与分析。⑤实施工作计划。在这个过程中,公共关系公司应接受客户的检查和监督,发现问题及时采取措施解决。⑥效果检测评估。评估的结果作为公共关系公司此次工作业绩优劣的衡量标准。

5.公共关系公司的机构设置

公共关系公司的内部机构一般由三个部分构成:一是行政部门。包括总经理、副总经理和一定数量的业务经理人员。其中业务经理人员的主要工作是具体组织、制定和实施为客户服务的公共关系项目。二是审计部门。该部门一般由业务经理人员、业务部门负责人和公共关系专家组成。其任务是在公司承办的各项业务开始时或实施过程中,审查项目的可行性、效益高低和实施情况,并负责统筹安排人力、物力、财力及时为各个项目提供指导和咨询、避免事故,保证质量。三是专业部门。专业部门是根据公司的业务范围和专业特色设置的具体业务部门,一般包括:财政关系部、形象服务部、调研预测部、公共事务部、产品宣传部、项目研究部、美工影像部、顾客服务部、外事联络部、教育培训部等。

(三)公共关系协会

公共关系协会是从事公关理论研究和实务工作的人按照

一定的规章制度自发组织起来的民间群众团体。其宗旨是团结公关界同仁,研究公关理论,交流公关信息,开展公关咨询服务和公关培训,促进公关事业发展。

1.公共关系协会的特征

公共关系协会的特征包括四方面的内容。

(1)人员的广泛性:公关社团的会员,由热心公共关系事业的各行各业人士组成,既包括其所在地区的企业、新闻、科技、文教法律、党政机关等单位的人士,又包括社团所属行业中有代表性的单位,具有行业的广泛性、人员构成多层次和职业的差异性特点。通过这种组织,可以形成四通八达的信息联络网,广采信息,广交朋友,广辟渠道,广泛合作。

(2)组织的松散性:公共关系社团没有统一的强制性纪律,组织内部结构根据组织自身需要而灵活设置,其成员都是因对公共关系有共同兴趣而聚在一起的。

(3)工作的服务性:公共关系社团聚集了一批懂理论、重实践的专家学者和实际工作者,利用这一优势,可以为社会提供信息咨询服务。服务是公共关系社团的宗旨,一切活动都应以服务为准则,服务的质量是其生命力所在。通过提供及时、实用、优质、高效的服务,既可满足社会对公共关系的需求,又可提高社团的知名度、信誉度和权威度。

(4)经费的自筹性:作为民间的自发团体,公关社团的活动经费主要靠自筹,包括团体会员和个人会员的会费,为社会开展咨询策划活动、公关培训工作所取得的服务费、学费以及所属经济实体的营业收入和企业赞助等。

2.公共关系协会的类型

公共关系协会通常分为以下四个类型。

（1）综合型协会：这类组织主要指公关协会。目前，我国已有中国公共关系协会和中国国际公关协会等全国性的公关协会。大多数省、直辖市、自治区和众多的地区都有自己的公关协会。综合型社团多为民办官助，会员主要来自不同行业，具有广泛性、代表性、权威性，其主要任务是为政府部门、企事业单位提供咨询服务，协助有关部门和单位开展大型活动。

（2）学术型协会：这类组织主要指各类公关学会、公关研究会等，如中国高等教育学会公共关系教育研究会，会员主要来自大中专院校、科研机构。学术型协会是个知识分子群体，学术性比较强，其主要任务是进行学术研究、探讨，交流公共关系理论，从事公关培训，指导公关实践，把握公共关系发展的趋势。

（3）行业型协会：这类组织是一种行业公共关系组织。不同的行业开展公关工作，有不同的特点。随着公共关系的深入发展，公关组织的行业化势在必行，发达国家许多行业都有了自己的公关组织。

（4）联谊型协会：这类组织没有严密的组织机构和规章制度，形式松散，常见的名称有公关俱乐部、公关沙龙、公关联谊会等。其主要活动方式是定期、不定期举办一些沙龙聚会，在成员之间沟通信息，联络感情，建立良好的人际关系。

3.公共关系协会的职责

公共关系协会是一种特殊的公共关系组织，它既是广大公共关系专家、学者及公共关系爱好者组成的民间团体,同时又是公关界与政府、工商企业及其他组织相互联系的纽带与桥梁,其宗旨是宣传公共关系思想,普及公共关系知识,协调公共关系活动,其具体职责体现在以下几个方面:发展和联络会员;宣传普及公共关系知识;组织公共关系专业人员的培训工作;制定公共关系职业道德规范;交流公共关系信息,开展公共关系咨询服务;编辑、出版刊物。

(四)公共关系人员

公共关系人员指专门从事公众信息传播、组织关系协调和形象管理事务的调查、咨询、策划、实施的人员。从狭义上讲是指以公关为职业的专职人员,包括组织内公关职能部门工作人员和社会上公关公司专业人员。从广义上讲是指从事与公关相关工作的专、兼职人员。从事公关工作的人员应该具备强烈的公关意识、良好的心理素质、全面的知识能力等基本素质,遵守公关职业道德准则。

1.公关人员的基本素质

具体而言,基本素质主要包括以下四点。

(1)强烈的公关意识:公共关系意识也被称为"公共关系思想""公共关系观念",是指一种尊重公众,自觉致力于塑造组织形象、传播沟通、争取公众理解与支持的观念和指导思想,是对公关知识的凝练,公关实践的升华。公共关系意识是组织建立良好公共关系的必要前提,是组织公共关系工作人员职业素质的核心。公关意识包括以下内容。

第一,服务公众意识。公共关系也叫公众关系,公关人员必须有尊重和服务公众的意识，一切公关工作都要从维护公众利益出发，满足公众各方面的需求，为公众提供周到的服务。

第二，塑造形象意识。良好的组织形象是组织最重要的无形资产，是从事公共关系工作的最终目的。公关人员要懂得知名度、美誉度对组织的价值，努力塑造、维护或矫正组织形象。公关意识中最重要的就是珍惜信誉、重视形象。

第三，协调沟通意识。协调沟通意识强调重视信息传播沟通，是一种平等民主、真诚互惠的意识。公关工作是一个系统工程，需要协调各方面关系。因此，公关人员应该具备良好的协调意识，要遵循双向对称原则，平等竞争、公平合作，在沟通中寻求理解与支持，来增强组织内部的凝聚力和外部的和谐力，在沟通中谋求和谐发展。

第四，立足长远意识。立足长远的意识是塑造组织形象稳定性的要求，也是其艰苦性的表现。一个形象一旦传播出去、树立起来，就具备了相对稳定性。与公众建立良好的关系，不可能一蹴而就，需要经过努力，不断积累，才能成功。为此，公关人员要有长远眼光，既要立足于公关活动的经济效益，更要着眼于长期的公关战略目标，既要追求公关活动的经济效益，更要注重公关活动的社会效益。

（2）良好的心理素质：一是充满自信。自信是指当面对现实或所要解决的问题时，能经过冷静的分析并进而产生相信自己的乐观心态。公关工作复杂难办，只有充满自信，公关人员才能有强烈的事业心，意志坚定，创造性地开展工作。二是有开放的心态。公共关系工作是一项开放性的事业，具有开放心理的人才能热情宽容地与各类性格的人相处,并能建立良好的关系。开放的心理表现;为乐于接受新鲜事物,学习别人的长处,不断解放思想,更新观念,在工作中能够大胆开拓创新,积极探索。三是有热情乐观的心态。热情乐观的心理能使公共关系从业人员充满想象力和创造力,保持广泛的兴趣,用真诚的热情和乐观的精神去与人打交道,去帮助和感染对方,这样才能结交众多的朋友,更好地完成公关工作。

(3)具备较全面的知识:公共关系既是一门多学科的理论,也是一门实践性强的实务,作为公关从业人员,必须掌握多方面的知识,主要有公关理论、经营管理知识、传播沟通知识、社会交往知识。

(4)具备较强的操作能力:公关工作要求从业人员具有较强的操作能力。如人际交往能力、组织协调能力、表达写作能力、创新策划能力等。此外,随着国际交往的加强,公关人员还应熟练地掌握一门或多门外语。

2.公关人员的职业准则

各国公共关系职业道德准则的具体条文虽然不尽相同,但可归纳为以下几个方面。

(1)遵纪守法,不损害社会道德和他人正当权益:任何一个国家的公共关系人员,或者在任何一国进行公共关系活动的人员,必须遵守该国基本的法律、法规和社会公认的道德规范,这是公共关系人员最基本的职业准则。

(2)忠于职守,自觉维护组织信誉:公共关系人员是代表某一组织进行公共关系工作的,应忠于职守,避免使用含糊或可能引起误解的语言,在任何场合均应在行动中表现出他对所服务的机构和公众双方的正当权益的尊重,以赢得有关方面的信赖,不能借用公共关系的名义从事任何有损所属组织或公共关系信誉的活动。

(3)公正诚实,不传播虚假信息:公共关系人员在进行公共关系活动中,不能传播没有确凿依据的信息,或者为了个体利益故意传播虚假的或使人误解的信息。做好这一点既是公共关系人员对公众权益的尊重,也是从根本上长久维护组织良好信誉的保证。

第二节 公共关系传播客体分析

公共关系的工作对象是社会公众。公众的支持和信任是组织生存的基础,公关的工作对象和中心任务就是处理和协调好社会组织所面临的各类公众,在公众心目中树立良好的组织形象,营造一个和谐合作的公众环境。公共关系实际上就是公众关系。

一、公众的特征

公众是指与特定的公共关系主体发生相互联系和相互影响的群体、组织和个人,是公共关系工作对象的总称。公众的基本特征有以下几方面。

(一)层次性

组织所面临的相关公众环境是由若干个人、群体和社会团体组合而成的,具有多层次的主体结构,因此,要用全面系统的观点来分析面临的公众。不同的群体和不同的层次形成不同的公众,有紧密程度比较高的社会组织,有比较松散的群体组合,还有更松散的初级群体,他们可以属于三个层次:内部公众、外部有组织的公众和外部无组织的公众。

(二)相关性

一个人、一个群体或组织能够成为某一组织的公众,是因为他们与该组织存在着一定的相关性。组织的行动和政策对公众会产生影响,同时公众的言行和态度对组织的存在与发展也会产生影响。公众的同质性是指组成某一类公众的个体都面临着同一问题。社会群体是由于共同的需求和目的而成为某一组织的相关公众。相关公众是具有某种内在共同性的群体,例如职务、年龄、工作、性别不同的消费者,由于购买了某一品牌的产品,就成为该企业的公众,形成了利益共同体,他们的态度、行为就能对该企业产生影响。

(三)互动性

互动性是指某些公众的意见、观点和行为同组织相关且相互作用。公众对组织的目标和发展具有实际或潜在的影响力、制约力,甚至可以决定组织的成败。同样,组织的决策和行为对它的公众也具有实际或潜在的影响,制约着公众所面临问题的解决及需求的满足。

(四)多变性

公众与社会组织之间的联系及相互作用总是处在不断变化和发展过程中。首先,表现为公众性质的变化性,如相关公众变成无关群体,潜在公众变成行动公众,次要公众变成主要公众,协作关系转化为竞争关系等;其次,公众数量也是随时变化的,如用户增多或减少等;再次,内部员工也经常处于变化之中,如员工的吸纳与解雇等。根据公众的多变性,公关工作要随时调整自己的方针政策。

二、公众的类型

组织所面临的公众是复杂多样的,为了更好地了解自己的公众,提高公关工作的针对性和目的性,要根据不同的需要,从不同的角度,对公众进行科学的分类,把握其内在的规律性,这样才有利于公关工作的开展。

(一)按公众的隶属关系分类

按公众的隶属关系不同,公众可分为内部公众和外部公众。内部公众一般与组织有归属关系,是组织的构成部分,它包括组织的职工、员工、股东及家属等。这类公众与组织有着密切的关系,他们的意见、态度、情感等对组织的生存与发展会产生直接的影响,同时,组织的境况也直接决定着他们的利益,他们是组织最重要的公众。协调好内部公众的关系,是公关工作中最重要的任务,是组织求团结的保障[1]。

外部公众是指那些与组织没有归属关系的公众,是组织面临的外部宏观环境,包括政府公众、社区公众、媒介公众、消费者公众、同行公众等。

(二)按公众的重要程度分类

按公众的重要程度不同,公众可分为首要公众和次要公众。

---

[1]高芳芳. 环境传播:媒介、公众与社会[M]. 杭州:浙江大学出版社,2016.

首要公众是指对组织的生存和发展能够产生重大影响,甚至具有决定性意义的公众,如社会名流、新闻记者、意见领袖等。次要公众是那些对组织的生存和发展有影响,但影响程度不大的公众,如个别普通消费者。

一般来说,首要公众是少数的,而次要公众往往是大量的。所以对于首要公众组织应投入大量的人力、物力和时间,将其作为公关工作的重点;对次要公众要注意其群体倾向,注意引导、转化。首要公众和次要公众是相对的,两者之间可以转化。

(三)按公众对组织的态度分类

按公众对组织的态度不同,公众可分为顺意公众、逆意公众和边缘公众。顺意公众是指那些对组织的政策、行为持赞成意向和支持态度的公众。逆意公众指对组织的政策、行为持否定意向和反对态度的公众。边缘公众又叫独立公众,是指对组织持中间态度,尚未表明观点或意向不明朗的公众。

顺意公众和逆意公众往往只占少数,边缘公众则是大量的。公关工作注意稳定和扩大顺意公众,不断加强与他们的联系,减少逆意公众,做好逆意公众的转化,重点争取边缘公众,引导他们成为顺意公众,防止他们成为逆意公众。

(四)按公众构成的稳定性程度分类

按公众构成的稳定性程度不同,公众可分为临时公众、周期公众和稳定公众。

临时公众是因某一突发事件、偶然因素或专题活动而形成的公众,如展览会、音乐会的观众等。临时公众虽然是临时的,但有些突发性的事件往往是由临时公众引起的,处理不好会影响公关工作。因此,平时要注意提高应对突发事件的能力。

周期公众是指按一定规律和周期出现的公众,比如节假日的游客,他们的出现是有规律的,可以预测的。所以商家经常利用"五一"或"十一"黄金周开展促销活动。

稳定公众即比较稳定的公众,如老主顾、常客、社区人士等。稳定公众是组织的基本公众,数量的多少是衡量一个组织公关工作业绩的重要标志。企业如果有大量的稳定公众(即支持者),企业的发展就更有保障。

(五)按公众发展过程阶段分类

按公众发展过程的阶段不同,公众可分为非公众、潜在公众、知晓公众和行动公众。

非公众是指与本组织无关,其观点、态度和行为不受该组织影响的公众。明确了组织的非公众,可以减少公关工作的盲目性,避免不必要的浪费。

潜在公众。当某一社会群体、个人与组织发生利益关系时,就由这个组织行为引起的某个共同问题,由于这些问题尚未暴露或这些公众还未意识到问题的存在,这些公众就成为组织的潜在公众。因此及早发现潜在问题及其可能出现的后果,着手采取行动,是最佳公关方案。

知晓公众是由潜在公众发展而来的。当潜在公众意识到自己可能面临的由组织行为引起的某个问题时就发展成为知晓公众。这时,公关组织就要积极沟通,主动传播。

行动公众是由知晓公众发展而来的。当知晓公众采取实际行动或准备采取实际行动来解决所面临的问题时,他们就成为行动公众。对于行动公众要冷静处理,善于引导。

三、公众的心理

公众并非是被动地接受组织的信息,而是具有主观能动性的。公众的这种能动性发挥得越好,他们参与意识和实际介入程度越高,公关活动也就越容易成功。公众的参与和介入通常有以下五个方面:喜欢与否、需要与否、值得与否、能够与否、实行与否。而这五个方面与下列五种心理倾向有密切的联系。

第一,公众的兴趣。兴趣是人脑对特定事物的特定反映,它表现为个人渴望深入探究某种事物,并力求参与该种活动的意向。兴趣对一个人的动机和行为模式有重要的影响,在某种程度上可以指导一个人的行为。正如孔子所说,"知之者不如好之者,好之者不如乐之者"。公关人员要善于观察,发现公众在不同时间和地点的不同兴趣和爱好,这样才有利于提高公关活动的效果。

第二,公众的需要。需要是人们对某种目标的渴望和个体的欲望,是人缺乏某种东西或受到某种刺激时产生的一种主观状态。不同的人有不同的需要,同一个人在不同的时间和场合也有不同的需要。心理学家马斯洛的"需求层次理论",将人类的需要由低到高分为生理需要、安全需要、社交需要、尊重需要和自我实现的需要。但是人类的需要是发展的,不一定严格按照这种顺序。在现实生活中,随着社会的进步,每个人的需要是千差万别的,但在某一特定时期里,每个人都会有他最迫切的需要,我们称其为优势需要,作为公关人员要及时了解和满足公众的优势需要,以赢得公众的支持和依赖。

第三,公众的价值观。价值观是一个人对周围事物的是非、好坏、善恶和重要性的评价。它是决定人的态度和行为的心理基础。在相同的客观条件下,价值观不同的人会产生不同的行为。在开展公关活动时,要注意针对性。公关人员要加强学习,只有具备了全面的知识,学会与不同价值观的人打交道,求同存异,才能取得更多公众的支持。

第四,公众的自我倾向。公众中有的是主观自我倾向占主导地位,有的则是客观的自我倾向占主导地位。主观自我倾向就是强调自身的主体地位,经常考虑"我想怎样""我要怎样";而客观的自我倾向则更多强调环境的制约作用,"我应该怎样""我能怎样"。这两种自我意识,因人而异,因时间和地点不同而异。而公众的这两种自我意识都可以通过对某件事的认识、评价以及他们的态度反映出来。作为公关人员,要了解公众的自我倾向,还要努力引导公众,使公众的态度与评价向着有利于组织的生存与发展的方向转化。

第五,公众的决策倾向。不同的人以及同一个人在不同的场合,对于某件事的决策也会表现出不同的特点。以顾客的购买行为为例,有理智型、冲动型、习惯型、不定型等几种决策倾向。作为经营者,要与各种各样的顾客打交道,如果能及时准确地判断出顾客的购买行为,则有利于交易的成功,提高营销活动的效率。从公关角度,作为公关主体的社会组织,应该针对不同的收入阶层、不同的职业和文化水平、不同的性别和年龄段的消费者,采取积极主动的公关策略,不失时机地引导和推动消费者的需求。

四、获得公众的艺术

没有公众,公共关系工作就会无的放矢,就会失去工作关系的实际意义。获得公众的方法概括起来主要有以下几种。

(一)劝导方法

劝导就是劝说和引导。公关人员通过对公众的劝说和引导而引发公众心理的认同变化,从而产生服从组织导向的行为。

1.流泻式劝导

流泻式劝导是以告知为基本目标,没有特定的针对性的普及性劝导方法。流泻式劝导是没有严格的对象范围,犹如地上的积水一样自由流泻,它是以"广而告之""广而导之"对公众心理产生"知"和"导"的影响。比如彩色电视机广告,公众不知道现在买哪种电视机最合适,各个彩色电视机厂家的广告和流通部门的广告使公众了解彩色电视机的销售行情,从不知到知晓,在知晓过程中不自觉地受到了引导,这就是流泻式劝导对这部分公众的影响。这种方法适用于组织初创时的广告宣传,但要注意引导内容的真实性和吸引力。

2.冲击式劝导

冲击式劝导是一种全力说服公众改变态度的专门性劝导方法。与流泻式劝导相比,冲击式劝导就像灭火和冲洗汽车的高压水枪一样,以集中的水力影响公众改变态度,真正解决这部分公众对组织行为"知"而"不信"的问题。冲击式劝导往往和批评结合在一起,此时应尽量做到:全面了解特殊公众的情况及其意见、原因等;调查研究掌握第一手可靠的说服资料;选择适当的机会和环境;语言表达要得体;巧妙运用非语言表达;体现关心但不必显示热情;挑明利害但不必代作结论或决定;简明扼要,点到为止;旁敲侧击,巧用幽默;以身作则,取信于众。

(二)感染方法

感染方法是以一定的方式引起人们和自己相同或相似的情绪反应和情感共鸣的方法。感染方法与暗示方法不同之处在于感染是以感情的传递为特征的。感染的基本方法主要有间接感染和直接感染。

1.间接感染

间接感染是指通过影视戏剧、文学作品、演讲、报告、诗歌等形式引起公众的情感体验。这种感染的特点:一是感染者和被感染者无须直接见面交流,而是通过一定的中间媒介而形成的感染。如作品中的典型人物的感情魅力打动人心。二是间接感染影响面广,如一首好歌、一部电影、一个英雄模范人物的先进事迹,其感染力不仅能广泛地震撼人心,而且还能使很多人受到理想人生的启迪。

2.直接感染

直接感染是通过感染者自身的语言、表情动作、行为所显示的情绪和情感,在无压力的条件下影响公众发生类似的情感的方法。直接感染的特点:一是即时性,即这种感染的时间较短,带有冲动的色彩,随即进入平静状态。二是情境性。即这种感染的发生受到特定时间环境的影响。三是互动性,这是指感染往往使在场者产生相互模仿、相互作用,比如在足球比赛场上,有些观众情绪激动,也会感染周围其他观众。

在公共关系活动中,公关人员运用感染法增强感染力量,不仅要提高感染者自身素质,使感染者以知识渊博、才能出众、品行优良感染公众,而且还要注意寻求组织态度与公众态度的相似性,全面认识公众的心理特征和倾向,正确处理好感染者与被感染者的关系。只有这样,才能真正使感染者产生"以情感人"的效应。

(三)吸引方法

公共关系工作也是争取公众的艺术。吸引公众的方法主要有下列几种。

1.利益吸引

公共关系工作要以公众利益为出发点,把公众利益放在第一位。组织如果只顾自己的利益,不顾公众的利益,自己的利益最终也得不到保障。只有激发公众和组织共同获利的需要,才能更好地发展组织与公众的关系。

2.形象吸引

组织形象关系到组织的生存与发展,良好的组织形象、产品形象、服务形象,对公众具有强大的吸引力,是争取公众的法宝。随着我国市场经济的发展,更多的组织注重自身形象的塑造,近几年来一些企业采取CIS(企业的识别系统)战略取得了良好的效果便是例证。

3.信息吸引

在当今信息社会里,组织的生存与发展需要及时的接受和传播自己的信息,以此吸引公众。实践表明,公众总是有选择接收那些与自己观念一致或与自己需求相关的信息,拒绝、回避那些与自己认识抵触或不感兴趣的信息。因此,公关人员应注意了解组织的公众需求,分析其心理,要力求做到传播出去的信息为更多的公众所接受,要及时地搜集有关公众的反馈信息。

4.示范吸引

示范吸引就是用直观的,可学习模仿的行为来吸引公众。例如企业有意识的举办展销会,对产品进行演示操作,免费品尝,然后征询公众意见,这样可以引发公众兴趣,激发他们的购买欲望。

5.目标吸引

组织目标是组织未来所要达到的状态或事实。鲜明的组织目标会增加对公众的吸引力,并得到公众的理解、支持。例如,IBM公司以"IBM意味着服务"的组织目标理念,吸引了世界各国公众。公关人员在公共关系活动中还可把组织目标贴附在社会时尚、公众热点等有关事件上,以此来吸引公众。

第三节　公共关系传播媒介分析

公共关系传播是组织利用各种媒介,将信息有计划地与公众进行交流与共享的活动过程。从传播理论发展过程来看,传播具有"共享"的意思,就是传播者与受传者之间的信息交流与共享的过程。

一、公共关系传播的特点

公共关系传播有其自己的特点,主要表现在以下几个方面。

(一)传播行为的受制性

公共关系传播是一种重要的组织行为,是为实现组织目标服务的,因而要受到组织特性的制约。无论从时间上和空间上,还是从内容上和形式上,传播行为都要受到组织目标、组织制度、组织规范等方面的制约。

(二)传播内容的求实性

公共关系传播是组织的一种公共关系行为,其目的是沟通公众、服务公众,在社会公众心目中树立良好的社会形象,进而求得公众的理解与支持。因此,公共关系传播首先必须讲求其内容的真实性和态度的诚实性,要使公众感觉到组织的公共关系传播是客观的、实在的和公正的[①]。

(三)传播渠道的多样性

公共关系传播的对象是公众,公众是一个类型复杂、层次多样的社会群体。他们当中有个人、群体,也有组织;他们的年龄、性别、阅历、个性等都不尽相同,各自喜欢的信息渠道也就不同。因此,公共关系传播必须针对目标公众,采取多种传播渠道进行信息传播,保证公共关系传播的针对性和影响面。

---

①荣晓华.公共关系学[M].沈阳:东北财经大学出版社,2018.

(四)传播方式的策略性

公共关系是一门科学,也是一门艺术,公共关系传播在遵循传播规律和原则,确保传播内容真实和客观的前提下,还要掌握传播的技巧和谋略,创造性地运用各种传播的技术与方法,巧妙地向公众传播公共关系信息,从而有效地影响公众、服务公众、沟通公众、赢得公众,取得最佳的公共关系传播效果。

(五)传播活动的高效性

在公共关系传播中,可根据不同情况采取普遍性目标公众策略、选择性目标公众策略、集中性目标公众策略,确保公共关系传播的指向性和针对性。注重传播时机的选择,按组织发展不同时期的特点来进行公共关系传播,注重选择传输通道,确保公共关系传播的高效性。公共关系传播要受到人们追求最佳效益的欲望所驱动,并以传播的最佳效益为原则。

二、公共关系传播媒介的特点

公关工作是一种针对各类公众的全方位的沟通、说服工作,因此需要利用一切媒介来达到传播目的。公共关系传播媒介是指公共关系信息从发送者传递到接收者的过程中所运用的一切信息传输手段。公共关系传播媒介大致有人际传播、组织传播、大众传播、邮电传播、信息网络传播等类型。从功能作用来看,各种类型的传播媒介各有各的特点,但在应用上可以彼此相互交叉使用。

(一)人际传播媒介

人际信息传播是指社会中人与人之间通过相互的交往所

进行的信息传播。人们之间可以进行有关消息、经验、思想、感情、态度等内容的传播。

1.人际传播媒介的特点

人际传播媒介的基本特点:一是个体对个体的传播,即在两个人之间进行的传播,如父子、夫妻、同事、朋友之间等。二是传播范围狭窄,传播符号多样,除了语言、文字、图像、音响之外,还有眼神、表情、动作、姿态、服饰等。三是反馈机制明显,人际信息传播具有一一对应关系,传播者可以及时获得反馈信息时调整自己的传播内容、方式和符号。

2.人际传播媒介的运用

在公共关系传播中,有效地运用人际传播媒介传播信息,应注意以下几方面。首先,掌握人际交往的知识。这是运用人际传播媒介传播公共关系信息的基础。在现代社会中,人与人之间特别注意情感的交流与沟通,人际交往有着特定的知识、理论和方法。掌握人际交往的知识,有利于公共关系工作的开展;其次,善于处理各种人际关系。这是运用人际传播媒介传播公共关系信息的条件。善于处理各种人际关系,关键在于正确运用人际交往的方法和技巧,因人而异,视环境场合与人们进行人际交往活动,并尽量去维持这种人际交往,以形成良好的人际关系,为开展公共关系工作铺路搭桥;最后,学会运用人际关系网络。这是运用人际传播媒介进行公共关系信息扩散性传播的关键。人际传播的范围狭窄,这是从单纯的单级层次传播来看的,但可以通过建立广泛的人际关系网络,形成多级多层次的公共关系传播系统。公共关系人员应交际广泛,"多个朋友多条路",特别注重与那些人际关系好、人际交往频繁的人开展交际,并通过他们的介绍扩大交际圈。在信息传播中,还可以争取各种关系网上的人充当信息传播的网点,利用他们的关系网进行扩散性的信息传播。

(二)组织传播媒介

组织传播媒介是指通过一定的组织形式而进行的组织内各成员之间、组织与组织之间、成员与组织之间的信息传播。

1.组织信息传播的特点

组织传播的主体是社会组织;信息传播是具有明确的目的性,即通过信息传播来疏通组织内外的沟通渠道,加强组织的内外关系,达到提高组织效率;信息传播具有明显的针对性;信息传播具有特定的反馈机制;组织信息传播具有一定的规范和监督模式。

2.组织信息传播通道的运用

组织传播通道是公共关系传播的基本通道,有效地运用组织传播媒介,要注意以下几点。首先,掌握组织管理有关情况是利用组织传播公关信息的前提。包括组织类型、组织系统、组织目标、组织控制、组织协调、组织规范、组织制度等,只有掌握这些方面的具体情况,才能使公共关系信息的传播服从于组织系统的目标和规范,适应组织系统的结构与制度,也才能正确地借助于组织信息传播通道高效地传播公共关系信息;其次,组织成员的积极参与是有效运用组织传播公共关系信息的重要保证。组织传播是由组织的所有成员在一定的组织形式下构筑起来的。组织的每一位成员都是信息的传播者、接收者。因此,应充分调动组织中每个成员的积极性,使他们积极参与组织信息的传播。这样,组织信息传播就变得更加畅通和主动;最后,合理选用信息传播方式是有效运用组织传播媒介传播公关信息的重要条件。组织信息传播的方式多种多样,有口头语言传播方式、书面语言传播方式以及其他的传播方式。

(三)大众传播媒介

大众传播媒介,是指通过专门社会机构复制大量信息,使之按一定目标传递给广大公众,从而达到众多的社会成员共享信息的目的。大众信息传播的有关情况,对于有效地运用大众信息传播通道传递公共关系信息具有极为重要的意义。

1.大众传播媒介的特点

信息传播者高度专业化;信息传播对象高度大众化;传播的信息内容大众化;信息传播活动高效化;信息传播缺乏反馈机制;信息传播过程受到社会的监督与控制。

2.大众传播媒介的运用

大众传播媒介主要有报纸、刊物、书籍、广告牌、广播、电视、电影。其中,报纸、刊物、广播、电视、网络被称为五大新闻媒介,与公关工作关系密切,可将他们归为印刷媒介与电子媒介两大类。一类为印刷媒介。印刷媒介是指将文字、图片等书面语言、符号印刷在纸张上以传播信息的大众传播媒介。信息容量较大,能对信息进行详尽、深入的报道,且易于保留、查找,便于读者选择阅读,但时效性较差,也易受读者文化水平的限制;另一类为电子媒介。电子媒介是使用电子技术,通过无线电波或导线发出声音、图像节目,接收者要借助接收器接收的大众传播媒介。电子媒介有广播、电视、录像、网络、电影等多种形式。其特点是传播迅速,纪实性、生动性与感染力强,对信息接收者没有文化水平的限制。总之,社会组织借助大众传播媒介进行公关传播,能迅速、广泛地提高组织的知名度,扩大社会影响。

(四)邮电传播媒介

邮电传播是指通过邮政电信机构将公共关系传播给特定公众的公共关系传播媒介。其特点是传播信息准确及时、对象明确、形式轻便、制作简单、使用灵活。

1.邮电传播的主要业务

邮电信息传播的主要业务可分为两大类,即邮政业务和电信业务。邮政业务是通过邮局借助于交通运输工具来传递有形的邮件为主的信息或实物传递业务。电信业务是通过电信部门借助于电信设备进行信息转换和传递的纯信息传递业务。电信的民用业务主要包括电话、传真、数据传输等。

2.邮电传播的运用

在我国邮电传播主要是作为一项事业由国家管理和经办的,任何组织、个人都可以利用它来传播信息。邮电传播要注意以下问题。首先,要根据邮电系统的业务范围以及各种业务的特点与作用有效地选择媒介;其次,要对所传播的公关信息的内容、形式、数量以及传播的时间要求、质量要求、保密要求、保险要求等综合考虑来选择媒介;最后,在保证迅速、方便、可靠地传播公共关系信息的同时,还要考虑到费用问题,即要注意遵循节约原则,以选用费用较低而效益较高的邮电传播媒介。

(五)信息网络传播媒介

信息网络传播媒介是指借助社会上已建立的信息网络将信息传播给广大公众的公共关系传播媒介。现在,信息网络化都得到了蓬勃的发展,尤其是互联网和信息高速公路的建设与开通,使人们能够借助于计算机在网上进行各种信息的传播和交流,公共关系传播由此也开始进入网络传播时代。

1.信息网络传播的特点

信息网络就是通过高速信息传输网络通道相互连接起来的进行信息传递和交流的一种信息组织形式。信息网络传递信息有如下特点:信息传播超时空、高速度;扩散性、共享性;扩大组织社会关系。

2.信息网络传播的运用

社会组织运用信息网络传播公共关系信息,主要有以下两种情况:一是通过上网加入有关信息网站传播公共关系信息。目前,社会上建立的信息网站很多,有一些综合性的门户网站和专门性网站。如新闻信息网站、经济信息网站、供销信息网站、金融信息网站、产品信息网站、公关信息网站等。选择何种信息网站传播公共关系信息,要视网站的性质、类型、功能、作用以及本组织所需传播的公共关系信息的内容、特点、传播范围等而定。二是通过建立开通本组织的网站传播公共关系信息。一般来说,建立本组织的信息网站,有利于搜集和传播公共关系信息,社会组织应努力创造条件,争取早日建立本组织的信息网站。开通本组织的信息网站,应考虑组织的需要,本组织建站的可能性(包括组织的实力、组织的威信、组织的吸引力等)、网络人才问题、网络技术问题、网络费用问题、网络管理问题等。

三、公共关系传播媒介的选择

开展公共关系活动要正确选择传播媒体应考虑以下因素。

第一,媒体本身的特点。不同的媒体特点不同,适用的传播类型也不相同,媒体选用得当,可取得事半功倍的效果。

第二,传播内容。不同的传播内容应该选择不同的传播媒体。一般来说,比较形象的内容应选择电子传媒,反之则应选择印刷传媒。同样是电子媒体,如果内容能用丰富的声音来表现,广播更适宜。同是印刷传媒,如果内容相对简单而不系统,报纸是明智的选择。

第三,传播对象。传播对象不同,媒体的选择也不应相同。传播对象人数较少时,往往只借助于人际传播媒体;传播对象仅限于本组织员工时,内部报刊、有线广播、闭路电视、简报就能满足需要;传播对象人数众多,范围很广,公共传播媒体和大众传播媒体是必不可少的。

第四,组织经济实力与预期传播效果。使用任何传播媒体都必然要支付一定的费用。组织在进行公关传播时,必须同时考虑传播成本与预期传播效果这两个方面。一般来说,大众传播媒体的传播范围广泛,传播的单位成本比较低廉,但总成本却会很高。没有雄厚经济实力的组织,不应为了追求声势而盲目选用大众传播媒体。选用非大众传播媒体,尽管单位传播成本较高,但从总成本考虑,是能够承受的。因此,传播范围不要求很大时,应考虑选用非大众传播媒体。

第七章 公共关系传播现状、策略与效果探研

第一节 公共关系传播现状

在高等教育由精英教育走向大众化教育的今天,公共关系传播已经成为高等院校可持续发展的必要条件和必然选择,经过对传播现状的分析可总结出如下几种现实中常见的传播模式。

一、宣传模式

宣传模式是公关传播的初级模式,也是最基本模式,在这一模式中,组织只传播对其有利的信息。宣传模式的操作者以获得媒体关注、为组织宣传获得更广的媒体覆盖为传播目标。这一阶段的品牌宣传形式主要有陈列展示、新闻宣传、口碑传播三种。

陈列展示早在品牌意识出现之前就已经出现,它是最早期的高校公关形式,也是公共关系传播中最常用的形式。从最初的海报、横幅到橱窗陈列、纪念馆、展览室,再到现代校园网站及多媒体平台,陈列和展示在校园品牌信息展示和传播中

发挥着重要作用。许多高校积极利用画展、图书馆、陈列室对外展示学校发展历程、精神风貌,彰显学校校风校貌。

高校新闻宣传有校内媒体新闻宣传和社会媒体新闻报道两类,校内媒体即高校内部组织或学生团体创办的校园媒体等,如校报、校园广播、校刊、校园网等,这是校园品牌宣传的自守地带,往往也是权威消息发布的第一场所。社会媒体新闻报道是高校应社会媒体邀请或约稿,将有社会效应的校园新闻主动播报出去的过程。

口碑传播则是一种人际传播,人际传播的主体不外乎师生、校友等高校内部公众,在这一群体中,品牌传播的目标更易达成,通过他们进行品牌宣传,既可以降低宣传费用,又可以提高传播速度,取得良好的品牌传播效果。

二、公众信息模式

公众信息模式中的高校如同一个主要负责组织信息发布、传播的媒体工作者,其品牌传播形式主要有学术交流、新闻发布、公关广告三种。

学术及学术声誉是高校品牌的核心竞争力,与其联系紧密的学术见解、科研发明与应用推广在高校声誉方面有着决定性作用。为了彰显高校在学术方面的优势地位,利用媒介对学术交流进行推广,已经成为高校品牌传播的重要内容。高校学术交流的途径有学术会议、专利推广、期刊发布等,这类活动虽不直接宣传学校的品牌内涵,但是只要学术在专业群体中获得高度认可,高校品牌美誉也会随之而来。

如今,高校新闻发布在高校公关传播中占据重要地位,这不仅仅是宣传的需要,也是高校品牌展示与维护的需要。高校新闻发布的形式有新闻发言人和定期与大众媒体进行沟通两种。新闻发言人是高校依据教育部颁布的高校新闻发布制度而设立的,它是高校新闻发布定点、定时、定人的长效机制中的一个重要环节。高校定期与媒体沟通,主要指高校通过参与大众媒体组织的活动或邀请大众媒体参与校园活动,利用大众媒体对高校进行宣传,这种沟通形式具有内容多样、沟通便捷、信息渠道稳定等特点,是宣传学校及学校对外交流的重要窗口。

公关广告,尤其是校园公关广告,不同于商业广告,其文化特性也游离于商业广告模式之外,狂轰滥炸模式的商业广告在宣传着重文化内涵的高校品牌形象方面易引起人们的反感,效果也适得其反。校园公关广告一般要求在公关广告的多种形式下,客观传达、展示高校风采和高校的品牌形象,也就是说,产品质量才是它所关注的重点。

三、双向非对称模式

双向非对称模式指从受众中收集反馈信息、根据反馈有针对性地对受众进行劝说的模式,这种模式有以下特点:首先,其目的带有"科学说服"的性质,即比较注重对方的接受;其次,这种模式具有双向沟通的性质,这种沟通中的信息获取多是通过记者报道而获得,如高校通过媒体获取受众信息,民众通过记者报道了解高校情况,这在一定程度上决定了这种模式具有可供操纵的天性。其品牌传播形式主要有主题活动、直邮公关、借势公关三种。

高校主题活动,如校园文化活动、庆典、聚会、公益活动等,具有气氛活跃、现场感强、亲和力强等特点,是高校品牌公关传播的重头戏,其共同点是兼具口号宣传、现场熏陶、信息交流的作用,能使参与者在短时间内感受到受众的热情、想法。许多高校都善于借助主题活动树立良好的社会形象,提高高校的社会声誉。

直邮公关在对目标受众进行分析的基础上,将相关的信息以邮寄方式传给目标受众,具有定向传播、效果持久、目标精准、成本低廉、保密性好等特点。高校直邮公关的形式有两种:一是官方直邮公关,高校利用收集的信息,将直邮公关的对象加以区分,并采取不同的公关策略。二是内部学生组织的直邮公关,它多以学生社团,如院系学生会,为传播主体,目标既可以是校内成员也可以是外界成员①。

借势公关即借助别人的光照亮自己,它将品牌传播与外界因素紧密结合在一起,指借助于已发生的、将要发生的与品牌关联度较高的事件进行品牌公关的策略,如体育院校借助运动会展示学子风采和学校实力。

四、双向对称模式

双向对称模式将公共关系视为组织与公众建立良好关系的整体,它一方面要把组织的想法和信息向公众进行传播和解释;另一方面又要把公众的想法和信息向组织进行传播和解释。

在这一公关模式中,传播主体有了更多的主动权和话语

①蒋小军,窦强.高校品牌塑造的公共关系传播模式[J].中国成人教育,2014(09),30-32.

权,传统媒体的信息中介作用被淡化,组织和公众借助自媒体平台可以自由地进行直接对话。信息传播交互进行,社会性媒体出现了分流的局势。自媒体的及时性和广泛性,使任何一个品牌时刻都有引爆的危机,在此背景下,高校品牌传播必须学会利用自媒体应对公关挑战,其公关操作方式主要有网络、博客、客户端媒体等。学校社交网站是以网站独特的用户群及黏性服务为主的交流平台,它能将分散的目标受众精准地聚集在一起进行品牌传播,这对学校沟通渠道建设和形象塑造来说,有着积极意义,但是它也对高校的信息处理能力、应变能力和品牌维护能力提出了新的要求。

第二节　公共关系传播策略

公共关系传播过程要受到多种因素的影响,对公共关系传播的过程和行为必须遵守一定的原则要求,才能使公共关系传播真正取得良好的效益。

一、公共关系传播的要求

(一)保证公共关系信息的质量

公共关系信息的质量可由真实性、准确性、全面性、系统性四个主要指标来衡量。真实性是指所传播的公共关系信息必须是真实的、客观公正的、实事求是的。准确性是指所传播的公共关系信息的加工和处理应是准确的。公共关系信息不能被准确地传播,即使信息本身是真实的,也可能起不到良好的作用。全面性是指所传播的公共关系信息必须能全面反映组织的基本状况,喜忧兼报。就是公共关系之父艾维·李说的"公众应该被告知"。系统性是指从整体上来看,社会组织所传播的公共关系信息应具有系统性,不是零零散散、支离破碎地。因此,社会组织要经常地、定期地向公众传播各种公共关系信息,确保公共关系传播的质量。

(二)准确选择公共关系传播的目标公众

目标公众是指社会组织公共关系传播的主要对象,是信息的主要接收者。目标公众不是一成不变的,它会随着社会组织公共关系传播的内容、方式、时间、空间等的不同而不同。公共关系传播的目标公众选择得当,可使公共关系传播取得良好收效。社会组织可以采取如下策略来有效地选择目标公众。

1.普遍性目标公众策略

与社会组织有关联的公众,不论它与社会组织的关系是紧是松,是疏是密,是现实的还是潜在的,都作为公共关系传播的目标公众。这种策略适用于社会组织的一般的、日常的公共关系传播活动,也适应于以扩大影响,建立与公众的广泛联系为目的的公共关系传播活动中,但不适用于某些具有专门用途的公共关系传播活动。

2.选择性目标公众策略

从组织有关联的公众中选择部分公众作为社会组织公共关系传播的目标公众。这种策略适用于组织面临着在较大范围内与公众的一般关系处理问题。比如对消费者公众或对社区公众的一般关系处理问题等,都可以采用选择性目标公众策略来传播公共关系信息。

3.集中性目标公众策略

指确定某些具体公众作为社会组织公共关系传播的目标公众。这种目标公众具体明确、数量不多,但与社会组织的关系十分密切,向他们传播的信息应详细、深入、针对性强。例如,社会组织向上级领导、意见领袖、新闻记者、金融界人士等传播公共关系信息均采用这种策略。此外,在公共关系纠纷的处理,危机事件的处理中也常用①。

(三)抓住公共关系传播的有利时机

同一公共关系信息的传播,在不同的时期就应有不同的传播内容、传播方式和传播范围。准确把握公关时机能够增强公共关系传播的针对性,提高传播的效果,并能调整、维持和改善社会组织的公共关系状态。但要注意,在社会组织发展的不同时期公共关系传播活动侧重点不同。社会组织的发展有五个发展时期:初创时期、稳步发展时期、重大创新时期、风险时期和低谷时期。

1.初创时期

这一时期公共关系传播的主要内容应该是向社会公众广泛地介绍组织的投资建设状况,组织的性质、规模、设想及风格,组织的创立对社会的意义和作用。其目的是扩大知名度,形成良好的第一印象,这是组织形象塑造的重要时期。

---

① 袁学敏,袁继敏.公共关系理论与应用[M].北京:北京理工大学出版社,2018.

2.组织稳步发展时期

这一时期公共关系传播的主要内容是经常向广大公众介绍组织的生产经营方针和特色,组织的历史、组织对社会的贡献,组织在争取自身发展和维护广大公众利益方面所采取的各种措施等。目的是维护社会组织业已形成的良好形象和信誉,强化与公众的联系,这是组织形象巩固的时期。

3.组织重大创新时期

这一时期公共关系传播的主要内容是组织创新的目的、创新的历程、创新的成果、创新的效益等。其传播的方式应是开放性的,同时注意正确引导,让社会公众更多、更好、更深地了解社会组织,进一步扩大社会组织的影响,加强与社会公众的密切联系,这一时期要不失时机地进行传播。

4.组织风险时期

这一时期公共关系传播的内容应有区别地选择。如果是由于社会组织自身的产品和服务没有特色或经营方针出现错误,就应将公共关系传播的重点放在改变组织的经营方针、革新组织的生产技术、转产适销对路的产品、改善组织的服务等方面。如果是由于社会的竞争产品和竞争组织的影响,则重点应突出社会组织及其产品的特色以及组织诚挚的服务态度。风险时期是社会组织公共关系传播难度最大的时期,也是关键时期,企业要进行危机公关。

5.组织低谷时期

这一时期公共关系传播的主要内容是向社会公众说明组织进入低谷的原因、走出低谷的措施。基本出发点是向社会有个交代,取得社会公众的理解。目的是尽快使社会组织走出低谷,获得新的发展。如果问题出在社会组织内部,就应说明情况,自我检查,提出补救方法,诚恳地求得社会公众的谅解。如果问题出在组织外部,就应澄清事实,并提出相应的改变措施。

(四)选择良好的公共关系传播通道

在现代社会中,公共关系传播的通道多种多样,选用得好,可以提高公共关系传播的效率,事半功倍。选用不当,则可能事倍功半,甚至一事无成。因此,选好公共关系传播的基本通道也是取得良好公共关系传播效果的重要要求之一。

选择好的公共关系传播通道,需要做到:一是要考虑需要。要根据公共关系传播本身的需要来进行选择,包括所传播的公共关系信息的内容特点的需要、目标的需要、基本对象的特点的需要、影响范围的需要等。二是传播的可能性。指要根据现有公共关系传播通道的可能性来进行选择,如果某种通道在一定范围内不存在,或根本没有利用的可能,一种原因是通道的传播容量已达到饱和,无法再行加入新的信息。另外的原因是通道可以传播,但组织的财力有限,由于财力有限,只得选择其他媒介。社会组织要综合考虑需要与可能两方面,才能选择好而可行的公共关系传播通道,以取得令人满意的传播效果。

(五)注意传播效果的分析

各类传播对目标受众都会产生一定的影响、作用,这就是效果。对于公关工作者来说,由于各类传播形式都要使用,更应该了解传播发生作用的不同层次。针对公共关系的目标和公关传播的目标评估,传播对于受者的影响可以达到四种程度,也就是四层次传播效果。

1.信息层次

即将信息传播给目标受众,使之完整、清晰地接收到,并且较少歧义、含混、缺漏,这是简单的传播、知晓层次,是任何传播行为首先应达到的传播效果层次。

2.情感层次

指传播者传出的信息从知晓进而产生情感,使目标受众在感情上与传播内容接近、认同,对这一传播活动感兴趣,从而与传播者接近,这是传播达到的较为理想的效果。但是需要注意的是,情感有正负之分,只有正面情感才是传播者所需要的,负面情感如反感、厌恶等,应予以避免。

3.态度层次

态度是人对事物或现象认识的程度、情感表达和行为倾向的总和。它已从感性层次进入理性层次,是在感性认识基础上经过分析判断、理性思维而产生的,一经形成就非常难以改变。传播如果能达到这一层次,对目标公众的影响就非常深入了。态度除有正负——肯定与否定之分以外,不一定与情感有必然的同方向联系。有些人在感性上同情,而在理智上则不赞成。

4.行为层次

这是传播效果的最高层次。它是指目标公众在感性、理性认识之后,行为发生改变,做出与传播者要求目标一致的行为,从而完成从认识到实践全过程,使传播者的目标不仅有了同情、肯定者,而且有了具体的实施者、执行者。实验研究证明,态度对行为的改变有着较密切的相关关系。

随着效果层次的提高,目标公众由于各种原因而逐渐减少,只有能达到较高的效果层次,才能使哪怕是初级效果得以较长时间地保持,否则公众很快淡忘,一个传播行为也就以无效告终。公关工作就是要让各界对组织知晓,并获得他们的理解与支持。

(六)把握影响传播效果的因素

在传播过程中,有很多因素同时作用于信息接收者,并对其产生强度不同的影响。了解主要的影响因素,并有针对性地加以引导和应用,会使传播效果得到改善和提高。影响传播效果的因素主要有以下四个。

1.传播媒介

公众对传播媒介的要求:一是要使用简便、易于掌握,易于得到。二是比较有效,即它的使用效果受到普遍的重视与承认,特别有效时,即使使用、驾驭上有一定难度,人们也会努力去得到或掌握它。公关工作要注意选择适当的媒介传播信息,媒介选择不当,公众就有可能接收不到信息或者没有受到影响。

2.信息的内容与表现方式

信息的内容即传播者传播的信息是否为公众所关心、感兴趣,是否重要、新鲜,是否可靠、可信,这是目标公众价值判断的中心点,也是决定传播效果的关键所在。公关人员在传播信息时要注意内容的趣味性,与目标公众的相关性,信息来源的可靠性,内容的真实性,观点的客观性、科学性。除去内容自身的要求外,内容的表现方式也非常重要。方式、方法不当,再好的内容也难以传播出去,可能还会引起误解甚至反感。表现方式包括从传播者的形象、权威性,内容的结构、节奏、变化,到遣词造句的方法、语气、语调等。

3.信息的重复

人有适应性,一个人接触某一信息的次数越多,越容易接受它。同样的信息多次发出,目标公众会逐渐由生疏到熟悉、由漠然到亲切,甚至在长期接触后,会把这一特定的内容形式融入自己的生活。所以,同样的信息在相当长的时间里重复出现,是取得增强传播效果的重要因素。

4.目标公众接收信息的条件

时间和空间对目标公众的接收是否有利,对传播效果也有相当大的影响。目标公众接收环境存在各种干扰或没有足够的时间接收,这些因素都会影响信息接收者,会使传播效果大打折扣。

从传播类型来说,不同种类的传播其效果也不相同,个人传播在各类传播形式中的传播效果最好,传播率最高,而其他传播形式的传播效果都还不及它的一半。但个人传播的影响非常有限,随着传播群体的增大,传播内容的针对性、具体性下降,反馈的质量、数量下降。群体传播与大众传播的效果相比个人传播就不太明显了,因而传播学家提出这两类传播只是有"适度效果",即一次具体的传播活动对某一个目标受众来说,效果是有限的。其中的影响因素包括信息接收者本人的逻辑思维能力和信息接收者周围团体、个人的影响。

三、公共关系传播的技巧

（一）建立良好的人际关系

人际关系是建立良好公共关系的重要手段,增强人际吸引力,善于同素不相识的人结成良好的人际关系是公关人员基本素质之一。

如何快速地认识他人,排除各种外在因素的干扰,尽快地接受公众,是公关人员在接待工作中要注意的问题。一般来讲,人际交往的误区有:以貌取人、主观判断、晕轮效应、个人状态产生认识偏差。公关人员应避免陷入这些误区,并且掌握以下建立良好人际关系的技巧。其主要包括:①利用邻近性因素。"近水楼台先得月",可合理运用熟人关系等。②利用相似性因素。找到共同经验区。如社会经历、社会地位、籍贯、受教育程度、态度与价值观、生活环境等,产生"自己人"效果。③利用需求互补效应。补偿性吸引力是最强的人际引力,可利用气质、性格、能力互补来吸引。④利用仪表的魅力。"有礼走遍天下",以卓越的礼仪来打通人际关系。⑤培养独特的人格魅力。多才多艺、诚信风趣、机智敏锐的人更具人格魅力。⑥会说更会听。善于聆听、善于微笑,并善于交谈。

（二）与新闻界建立良好的关系

与新闻记者联系,是公关人员的重要工作。记者在传播学上被称为"把关人",他们对传播的内容及传播的实际效果会有很大的影响。一般来说,记者报道新闻要具有正直、说真话的职业道德以及专业写作技巧,除此之外,记者本人的情绪、感觉、工作状态都会影响报道的内容。因此,要注意处理好与新闻界的关系:①对待记者要尽量提供基本情况,并给予热情周到的接待服务。②对记者还要注意平等相待,一视同仁。③要给记者提供真实素材。④对记者要持尊重与重视的态度。

(三)做好会议组织与联系接待工作

会议组织与联系接待工作主要包括:①会议组织。会议是公共关系开展内外沟通的常用形式,组织召开会议是公关工作的内容之一。会议的种类很多,有报告会、讨论会、联谊会、新闻发布会、展览展销会等,形式较为正规,有组织有规模。②联系接待。接待工作一般包括接待来访者、拜访别人、写信、打电话等。做好接待工作,要求公关人员应具备良好的公关素质,要能够吸引对方,使之愿意与组织打交道。在接待拜访中,应掌握一些特殊的沟通技巧,来达到建立联系的目的。

(四)营造良好的传播环境

公共关系传播是在一定的空间环境中进行的。营造不同的传播氛围会影响传播效果。比如座位、音响设备、灯光照明、色彩、室内湿度等的设计布置,都要仔细安排好,创造良好的环境效应。

(五)正确选择公关语言

公共关系传播中常使用的公关语言主要包括以下几方面:①自然语言,是信息传递的主要承担者,如口头语、书面语、广播语。②非自然语言,如表情语言、动作语言、体态语言等。③实物,如样品、商标、组织标志等。

在公关信息传播中,为取得较好的传播效果,要合理运用公关语言,充分发挥各种语言的优势,提高信息的传播速度,扩大信息的传播范围,提高信息的接收率。

(六)利用名人效应

在选择人际传播方式进行公关信息传播时,常常与影视明星、体育明星等"名人"结合起来,能起到比较好的传播效果。公关活动与名人结合在一起,通过名人引起公众的注意、兴趣与好感,从而达到对组织形象、组织产品的认可,这就是名人效应。

(七)合理运用公共关系广告

公共关系广告也叫组织形象广告,目的是建立组织信誉,促进公众对组织的了解,沟通公众与组织的感情,它主要有以下几种形式:①组织广告。这是以组织自身作为宣传主体的广告。比如过年的时候许多企业拍摄的"某某企业恭祝全球华人新春快乐"的广告。②征集广告。这是广告包括向社会广泛征集组织名称、产品名称、商标设计、组织口号等,吸引社会注意,吸引公众参与。③竞猜广告。这是由组织刊登广告组织有奖猜谜活动。猜谜内容多为有关组织及产品的知识,问题一般很简单。这种活动可多次见诸新闻媒介,如通告抽奖结果、采访获奖者等。④服务广告。组织与本组织产品有关的社会服务活动,并通过广告向社会宣传。如化妆品企业举办美容培训班等。⑤馈赠广告。为组织举办、赞助的社会公益性活动而做的广告。

针对公众的心理,在策划公关广告时要注意:标新立异来抓住公众的眼球,通俗易懂让大众雅俗共赏,真挚坦诚以事实说话。此外,还需要很多专门化的知识与技巧,如语言的选择、组织,画面的构成、色彩,人物的选择、拍摄技巧等。

总之,公共关系传播既是一门科学,也是一门艺术,要求社会组织公关人员在传播活动中尊重客观规律,按公共关系总目标有步骤地进行;在传播交流信息活动中,使双方受益,实现最大限度取得理解,达成共识,这是公共关系人员的一种创造性劳动。

第三节 公共关系传播效果

所谓传播效果是指信息传播者通过传播媒介对信息接受者的心理、行为、态度和观念等所产生的影响程度。

传播效果是传播学研究中最富魅力的课题,也是所有传播者最关注的问题。公共关系传播具有很强的功利性。在现实生活中,传播效果的大小代表着传播目的的实现程度,任何一次公共关系传播都是通过获得最佳效果来达到目的的。可以说,传播效果是公共关系传播的归宿[①]。

一、传播效果理论

公共关系人员要做好本职工作,仅有良好的愿望是不够的,愿望不等于效果。因此,公共关系人员一定要关注传播效果,综合运用各种传播知识,争取最好效益。传播学中关于传播效果的理论,经历了一个长期发展的过程,从魔弹效果论发展到强大效果论。这种发展,说明人们对传播效果的认识进

---

①范琳. 论公共关系传播效果评估指标体系[J]. 市场研究,2013(05):41-43.

一步深化了,描述更精确了,更符合实际、更有现实意义了。传播效果理论有以下几种。

(一)魔弹效果论

魔弹效果论,又称皮下注射论,是传播学孕育时期关于传播效果和受众的理论。该理论认为,大众传播具有极其强大的威力,能影响和改变社会公众的态度和行为。这一理论的基本观点正如人们对它概括时使用的词"魔弹"所表明的:受众就像射击场里一个固定不动的靶子或医生面前的一位昏迷不醒的病人,完全处于消极被动的地位,只要枪口对准靶子,针头扎准部位,子弹和注射液就会迅速地产生出神奇效果。受众接触到大众传播的信息,就会被信息所击中,产生预期的效果。

魔弹效果论、皮下注射论说的都是大众传播神奇的传播效果,受众是靶子、患者,只是消极地被动地接受"魔弹"或"针剂"。这种理论把受传者完全置于被动地位,认为公众接受信息是无条件的。

这一理论流行于20世纪20~30年代。早期的传播学者,如传播学的奠基人之一的拉斯韦尔开始关注、研究这种理论。受行为主义心理学派的"刺激—反应"公式的影响,拉斯韦尔当时只是着眼于研究传播者一方如何运用和操作宣传技巧,认为只要宣传得巧妙,在受众身上就会发生作用。有学者认为,"魔弹效果论"之所以会产生和流行,是因为人们对大众传播媒介有某种误解。魔弹效果论虽然在20世纪40年代以后就不流行了,但在现在的公共关系活动中,其仍然还有一定的影响力,仍然存在以魔弹效果论为基础的公共关系策划的思路。如在短时间里集中大做广告或开展某项活动,想以此创造出一个名牌的做法,就是魔弹效果论的表现。这样的公共关系策划,容易引发受众的"逆反心理",是不可取的。

(二)有限效果论

有限效果论形成于20世纪40年代,在以后的几十年间,整个传播学界几乎都比较认同这种理论。这种理论认为,在传播过程中,受到来自公众本身特点及社会文化诸方面的变量影响,传播效果的实现将受到制约;传播不是单方面的行为,而是传受双方交互作用的活动;传媒的作用是有条件、有限度的。

先向魔弹效果论挑战的是以哥伦比亚大学应用社会学研究中心的拉扎斯菲尔德为代表的一些学者。他们经过一些民意调查,提出了"两级传播""舆论领袖"等概念,证明"魔弹"并不存在。拉扎斯菲尔德等人还提出,在特定的条件下,大众传播媒介也可以发生强大的社会影响。1960年,约瑟夫·克拉珀提出中介因素论,认为大众传播只有强化受众固有观念的作用,而很少有改变受众态度的作用。对于拉扎斯菲尔德和克拉珀的这些理论,有人称之为有限效果论或微弱效果论。

有限效果论客观地分析了传播过程中各要素对传播效果的影响,注意到了传播关系中有一个活跃的受传者,注意到了受传者本身是个影响传播效果的重要因素,为人们对传播效果研究的全面化和系统化提供了新思维。但是,这种理论没有注意到传播者的主观能动性,没有注意到传播者可以通过发挥主观能动性缩小中介因素的作用,逐步改变受传者的态度,大众传播也可以不经过"舆论领袖"直接影响受传者。

(三)适度效果论

适度效果论是20世纪60～70年代传播效果研究的总结,由德克萨斯大学的沃纳·赛弗林和小詹姆斯·坦卡德在20世纪70年代提出。这一研究包括:创新扩散论、使用和满足论、议程设置论、文化规范论。这些研究都基于这样的假设:魔弹效果论夸大了大众传播媒介的作用,有限效果论又看低了大众传播媒介的效果。实际上,大众传播效果可能介于两种理论的评价之间。这一假设已为传播实践所部分证实。

1.创新扩散论

创新扩散论是传播学者罗杰斯和休梅克在《创新的传播》一书中提出的。他们认为,运用大众传播和人际传播可以劝服人们接受新观念、新事物。"创新—扩散"包括四个阶段:一是知晓,大众传播在使受众知晓新观念、新事物中的作用强于人际传播。公关传播者要想扩散一种新观念、新事物,如新的服务方式、新的消费观念等,先应求助于大众传播,使广大公众知道有这么一回事。二是劝服,使受众不但知晓某种新的信息,而且使受众决定所要采取的态度。这一阶段中,人际传播具有当场相互交流的优点,能发挥较大作用。公关传播者应该确保新观念、新事物本身确实卓有成效,并建立起有效的可控的人际传播网络和灵敏的人际传播信息反馈渠道,以便再通过各种途径(包括大众传播媒介)消除误解和疑问,使受众对新事物采取扩散者希望出现的态度。三是决策,这是把态度付诸实施,变成行动的阶段。大众传播和人际传播要继续保持一定的宣传力度,巧妙地引发从众心理,使受众按照公关传播者的愿望,采纳公关传播者想要扩散的新观念或新事物。四是证实,受众采纳或拒绝新观念、新事物后,内心会感到恐慌、动摇,他会继续寻求信息,以维护自己的决策。一般情况下,受众会主动搜集信息,证实自己的决策的正确性。在这个阶段中,受众如果获得否定信息,就可能改变决策。因此,传播者要注意如实兑现做出的承诺(如包修、包退、包换等),认真处理每一宗投诉,使投诉者满意,不致成为一个否定信源。

2.使用和满足论

这一观点主要从受传者的角度来考察传播效果,研究受传者如何使用传播媒介和选择信息,以满足自身的需求。研究者从采访调查入手,探索公众如何使用传媒,如何选择信息满足自己的需求,在此基础上探索大众传媒对公众服务的功能以及满足公众需求的方式。当时的研究者认为,受传者根据自己的需要来使用媒介,受传者使用媒介会得到某种满足,进而产生效果。这就是使用和满足论的基本观点。

使用和满足论的贡献在于:别的传播效果研究着眼于传播者如何作用于受传者,进而产生效果;而使用和满足论的思路则是从受传者如何使用媒介、处理信息的角度来研究传播效果。使用和满足论的价值在于:它提示传播的信息并不是射向接受者的,而是放置在接受者可以想怎么处理就怎么处理的地方。按照使用和满足论的思路,公共关系传播要重视公众的需要。公共关系主体要调查公众的需要,使自己的公共关系传播与公众的某种需要相吻合,以争取为公众所"取用",

产生实际效果。

3.议程设置论

议程设置论又叫确定议程论、议程安排论。这种观点认为,传播者可通过有意安排传媒的议题,使传播信息的重点与公众头脑中的重要题材高度相关,所传播的信息就会引起公众的关注。媒介对某些问题的强调程度,与受众的重视程度成正比;大众传播媒介越是突出地报道某问题、某事件,受众就越是突出地谈论某问题、某事件;人们总是倾向于关注和思考大众传播媒介注意的那些问题,并按照大众传播给各个问题确定的重要性的次序,分配自己的注意力。简言之,大众传播媒介的效果和作用在于引起和转移人们的注意力,进而影响舆论。这一思想的萌芽,是英国政治学家伯纳德·科恩提出的。他认为,媒介在告诉人们如何思考上,成功的时候不多,但在告诉人们应当考虑什么问题时却是十分成功的。议程安排论告诉我们,公关传播只要真正在大众传播中占有"一席之地",列入了重要议程,特别是列入了黄金时间、黄金位置的议程,就会在受众中获得相应的议程位置;相反,如果没有在大众传播议程中占据重要位置,也就很少可能在受众舆论中有相应位置。按照这一理论,大众传播媒介可以左右人们谈什么,却不能决定人们怎样谈。

4.文化规范论

文化规范论,由著名的传播学者德弗勒提出。这种观点认为,大众传播媒介有选择地传递信息或有意识地突出某些问题,能形成一种道德的、文化的规范力量和约束力量。久而久之,就能使受传者自然而然地追随这种规范,采取某种社会文化共同认可的行为。

文化规范论强调的是,大众传播对受传者的影响是一个日积月累、潜移默化的渐变过程。我国社会主义精神文明建设方面的宣传,就属于文化规范论所指的传播。它的效果是毋庸置疑的,但又不会是立竿见影的,对待这类传播必须有战略眼光。公共关系传播也要有战略眼光,不但要考虑到眼前的效果,还要考虑到长远的效果,要努力创造组织文化和具有较高文化品位的组织精神,要在各种公共关系活动中渗进文化的因素,使广大外部公众和内部员工不仅仅感到是在和一个组织打交道,而且感到是在追求一种文化的享受。

(四)强大效果论

强大效果论最初是由学者赛弗林和小詹姆斯·坦卡德提出的,之后德国传播学者纽曼在她写的《重归大众传媒的强力观》一文中支持并阐发了这一理论。该文宣称,大众传播在影响大众意见方面仍能产生强大的效果。纽曼发现,大多数人在用自己的态度做出选择时会有一种趋同心态,当个人的意见与其所属群体或周围环境的观念发生背离时,个人会产生孤独和恐惧感。于是个人便会放弃自己的看法,逐渐变得沉默,最后转变支持方向,与优势群体、优势意见一致。这个过程不断把一种优势意见强化抬高,确立为一种主要意见,形成一种螺旋式的过程。

这种理论认为,大众传媒具有累积性、和谐性、普遍性。累积性是指大众传播因不断传递重复信息而产生累积的效果;普遍性是指大众传播面向社会大众而必然影响广泛;和谐性是关于某一事件或问题所造成的统一的印象。这三者的结合能够对舆论产生强大的效果。不同特点的媒介手段以不同的方式就某个问题或事件形成一致的观点,受众在无法选择其他信息时,大众传播就有可能克服选择性心理,形成日积月累的渗透力,使大多数人按照大众传播所引导的方向去形成或改变态度,采取行动。

(五)分层效果论

分层效果论,可以分为类型效果论、层面效果论和波纹效果论等。这类研究认为,大众传播媒介可以在不同层面、不同方面对个人、家庭、团体、系统、社会产生各种效果。伯纳德·贝雷尔森在《传播与舆论》中曾说过这样一句话:"各种各样的主题通过各种各样形式的传播,涉及各种各样的知识,在各种各样的条件下,产生各种各样的效果。"这句话可以看作对分层效果论的一种通俗诠释。分层效果论者认为,大众传播学研究所担心的不是理论解释的不足,而是丰富理论的困惑。正是针对这种研究状况和具体问题,分层效果论应运而生。

1.类型效果

罗杰斯认为,传播效果多种多样,但是,就传播媒介对社会的影响来看,可归纳为三种类型效果:一是欲得的效果和非欲得的效果。前者是指新事物对个人或社会体系的积极的正面的效果,它能帮助个人或社会体系更有效地发生作用;后者是指新事物对个人或社会体系的消极的负面的效果。二是直接效果与间接效果。前者是指个人或社会体系立即对创新传播做出反应,并产生相应改变。后者是指在前者产生改变后所引起的再一次改变,也就是直接效果产生的下一个效果。三是预期效果与非预期效果。前者是指传播活动所引起的、传播者所预先期望的那种社会变化;后者则是传播者所不希望看到的、不符合其意图的变化。罗杰斯通过分析发现,欲得的、直接的和预期的效果经常是一起出现的,而那些非欲得的、间接的和非预期的效果也是经常一起产生的。

2.层面效果

这种理论认为,从受众对新闻传播的反应来看,可以将效果归纳成三种不同的层面加以分析和认识:一是在心理层面,有情绪上的效果、认知上的效果和行为上的效果。二是在时效层面,有短期的效果和长期的效果。三是在范围层面,又有个人效果和社会效果。将这三大层面上的各种传播效果进行组合,又可以派生出多种不同的效果。

3.波纹效果

德弗勒和鲍尔·洛基奇是从大众媒介与社会、受众三者之间相互联系、相互依赖的关系上提出波纹效果的观点的。在波纹效果中,除认识的效果、感情的效果、行为的效果三种基本效果之外,还提出了宏观的和微观的效果,个人的、人际的、组织的、系统(部门)的、社会的效果。他们认为,大众媒介是一个信息系统,它积极参与社会、集团、组织、家庭和个人层次上的维持、变化与冲突的过程,它的传播活动总会引起不同层面的认识、感情和行为上的反应。媒介系统的社会作用的变化,具有增大各社会系统、组织、人际网络和个人的媒介依赖性的效果。

总之,关于传播效果的理论,都从不同的角度、不同的侧面对传播效果进行了分析和研究,都与公关实践密切相关,都对公关实践提供一些具有针对性的启示。公共关系人员在学习和运用这些理论时,一定要注意同实践结合起来。

二、公共关系传播效果的类型表现

根据公众心理认识和行为规律,公共关系传播效果的表现分为:认知层次传播效果、情感层次传播效果、态度层次传播效果、行为层次传播效果。

(一)认知层次的公关传播效果

通过传播使受传者了解和掌握更多的有关组织的信息资料或获得某一方面的知识,这是最低的效果。

(二)情感层次的公关传播效果

通过传播活动,引起受传者的情绪反应和情感体验。一般来说,厌烦、恐惧、愤怒的情绪会使受传者对传播内容及其背景产生躲避或攻击行为以及逆反心理,而喜爱、愉快和情感的共鸣则会使受传者产生向往心理和趋近、模仿的行为。公关传播的目的就是引起受传者的情感共鸣或激发受传者的某种兴趣爱好,增加认同感。

(三)态度层次的公关传播效果

通过传播活动使受传者产生态度的变化,这是公共关系传播效果的深刻表现。态度是人们基于认识而形成的情感倾向和行为意向。通过公共关系传播使受传者对传播者及其代表的组织产生了积极的态度,或改变了受传者原本具有的消极态度,这为进一步引发公众的积极行为打下了良好的基础。

(四)行为层次的公关传播效果

通过公关传播不仅引起受传者态度的变化,而且引发或改变受传者的行为,这是最高层次的传播效果,是以前面几种传播效果为基础产生的,是前三个层次发展的结果。如通过座谈、小型集会使组织和公众达成共识或使公众对组织的某些做法达成谅解,通过各种广告宣传使受传者信任、接受和选择公司产品等,这都是公共关系传播所取得的深层效果。

传播效果是一个比较复杂的问题。从表面上看,传播效果各方面的表现是相对独立存在的结果,而实质上这些表现是一个不断深化、内化,最终通过行为外化的过程,因此,对于公共关系传播效果的测定和评价要根据公关传播的不同阶段的目标和长远系统的目标进行综合评价。

第八章 高校品牌形象塑造案例分析

第一节 广东某高校品牌形象管理分析

下面以A高校代指广东某高校的名称。A高校坐落于广州市花都区,是一所经教育部承认的、招收国家任务生的非营利性的全日制民办本科普通高等学院,其前身是专科层次的民办学校。A高校坚持"公益办学、规范办学、诚信办学、特色办学、质量至上"的原则,致力于培养具有国际视野的外向型、创新创业型人才。为了深入了解A高校在有关人员及行业中的印象,弄清楚当前A高校品牌形象管理的状况,并针对这些现状提出切实有效的解决措施,形成指导品牌形象管理的策略,提升A高校的核心竞争力,研究人员特设计了针对A高校的调查。

一、A高校品牌形象管理的优势与机遇分析

(一)内部优势

1.办学特色鲜明

A高校坚持的是公益性的办学原则,以发展应用型专业、培养高素质应用型人才为目标,开展"英语强化教学",实施外

语带动战略,致力于培养具有国际视野的外向型、创新创业型人才。在办校之初,其就立足于培养具有国际视野的专门人才,将英语强化项目作为重点来抓,有着自己明显的办学特色。

2.办学机制灵活

在办学过程中,A高校利用灵活的办学机制,不断地因时调整课程结构。从以往的单纯重视英语强化训练转变为英语与专业课程同等重视的课程结构;着重引进与培养双师型教师,围绕学校的应用型培养目标进行师资力量的提升,由外教承担部分专业课程的授课、加强专业教学的国际化进程等一系列增强教师教学能力与管理人员管理能力,加大教育教学改革力度、提高科研水平、重视师德建设与质量工程建设等有力举措。

3.浓厚的品牌文化氛围

A高校极富特色的外教口语教学、优美的校园环境等,都为其在实践中将"培智、正德、尚行、立新"校训融入了学校的文化中,形成了丰富的校园文化,得到了与学校相关阶层的情感认同和品牌文化认同,建立起了对学校品牌形象的偏好定式,促进了校风校貌的建设和品牌文化发展。

(二)发展机遇

1.有利的经济全球化发展背景

教育是经济增长不可或缺的要素,大力发展高等教育是顺应历史发展的必然选择,而发展高等教育则势必要通过加强高校的品牌形象管理以获取管理效益。广东省是我国改革开放的前沿阵地,但目前具有良好品牌形象的高校为数不多。因此,如何在全球经济的快速发展之下,加强高校的质量管理,突出良好的品牌形象,体现办学优势,既是A高校,也是广东省乃至全国众多高校实现品牌形象管理的有利契机。

2.多样化的教育需求

随着经济收入的增长与物质生活水平的飞速提高,家长都希望自己的子女能接受高等教育。对于广东省求学家庭,选择入读教育资源有限、招生数量有限的公办高校,竞争压力较大,有着良好声誉的民办高校便成了众多教育需求者入读的选择,而学校的品牌效应便是吸引需求者的最大亮点。在广东省内各民办高校中处于领先地位的A高校,有着巨大的教育消费市场。如何进一步创建并经营管理好自己的品牌形象,以良好的声誉吸引消费者,既是学校的发展机遇,同时也是学校取得长期发展需要解决的问题。

二、A高校品牌形象管理的措施

(一)准确品牌形象定位

A高校应利用有利的经济全球化发展背景,顺应有利的发展趋势,满足多样化的教育需求,对尚未建立起良好品牌形象的部分,趋利避害,重新进行定位分析,即品牌形象再定位。比如在课程设置方面,随着国家的高考制度改革,学校是否还需要继续将英语强化项目作为招生亮点,这是A高校在办学特色定位方面必须考虑的问题;再比如A高校的培养目标是为珠江三角洲地区培养应用型人才,如何在办学中具体体现出为地方经济服务的办学特色,怎样加大投入,提高师资水平以及如何与用人单位沟通,准确反馈毕业生就业信息等,都是其品牌形象再定位、促进学校准确规划办学方向和目标的重要切入点。

(二)强化已有的良好的品牌形象

一个好的学校品牌,必须具有强势的品牌联想,一提到与该学校相关的信息,就能联想到该品牌所蕴含的强势文化和既定的良好形象。学校的教育服务的特点和优势、品牌名字、标志和口号、广告、促销、公关都是创造品牌联想的途径和工具。如A高校众多的外教师资,让人直接联想到其英语办学特色;丰富的社团和社会实践活动,锻炼和提高了学生的动手能力,社会用人单位通常会将极强的动手能力与其毕业生质量联系到一起等。因此,学校要围绕办学定位和培养目标定位,利用较强的发展主动性和灵活的办学机制,进一步提高教学质量和培养质量[①]。

(三)超前的管理理念与创新意识

A高校虽然在前期的办学历史中,塑造出了良好的品牌形象,在其目标市场中有着良好的口碑,但是,市场与社会是在发展变化着的,通过超前的保护理念维护自己良好的形象是高层管理者必须具有的意识。品牌形象最有力的保护武器就是法律,要依法办校、依法治校。对具有独创性的品牌形象和标志,要随时在经营过程中密切注意其他侵犯自己品牌形象的行为,并通过司法的渠道加以解决。

[①]丁兴良.用科学的方式管理品牌[J].现代企业文化(上旬),2018(09):54-57

第二节　江西某高校品牌形象推广分析

　　下面以B高校代指江西某高校的名称。B高校坐落在江西省南昌市,千亩校园,绿树成荫,生态宜人,人文景致,相得益彰。该校从基础相对薄弱,到现在社会口碑可以与有良好口碑的名校相比拟,也是经历了一番洗礼才形成今天的规模,其勇于冲破束缚,得到了学生家长们的高度信任。较好的品牌形象在大众心中油然而生,那是因为其拥有一份敢实践、敢创新的勇气。

　　第一,实践探索促进树立高校独具特色的品牌形象。B高校一方面把资金重点投在实训基地建设上,建成几个实验实训中心和多个集"教、学、做"为一体的实验实训工作室,通过基础的、专项等实地培训让学生从业技能得到更全面的发展。在教学改革中,利用各种个性化的工作实验室实行项目驱动教学,"教、学、做"三点一体式地把理论教学与实践教学、讲述与演练有机结合起来,增强学生的实际动手能力。把平时在教室里面学到的东西、练习作业、实地实习的动手练习等步骤对学生开展全面综合性的评估,实事求是的给予学生素质和能力的综合评论①。

　　第二,通过对校园文化的整合,提升高校的品牌形象。大力推进校园文化建设,形成特色鲜明的文化氛围。把高校建

①刘凤景,余娟,谢丽君. 基于"互联网+"四维三化实训基地的校企合作模式探析[J]. 职业,2019(24),98-99.

设成"彰显文化特色的主题公园,文明、和谐、平安的精神家园,求知学艺成长成才的高教学园"。

第三,整合各类宣传媒体资源,宣传高校的品牌形象。充分利用学校的校庆或者是重大的庆典宣传学校的品牌形象:其在自己的品牌形象塑造、推广中非常重视通过各种渠道来宣传自己的办学理念和办学特色。他们会经常利用举办大赛等方式来邀请学院的历届毕业生、社会知名人士、教育行政部人员等,通过赠送宣传手册,讲述学校的区域分布、办学目标、办学理念和宗旨,通过联欢会、座谈会等方式来拉近与社会公众距离。

B高校成立了宣传工作领导小组,统一领导、组织学校对内、对外的宣传工作,充分利用校报、学报、电视台、广播电台、学院网站、电子屏幕、宣传栏等宣传媒体,全方位开展宣传工作,通过各大媒体来传播学校的品牌形象。

第四,以教学质量和校园文化来发展品牌形象。良好的教学质量是高校品牌形象的生存之本,同样也决定了高校的品牌形象是否能够经久不衰。在各个学科领域的一批批教学管理人才被汇集到此,承建了在专业设立的专职任教的队伍。义化、精神等方面的建设也是B高校建设的方法及关注点。尤其重视校风、教风、学风、班风和人际交往,以此来加强品牌形象的宣传和建设高校的校园文化。

第三节　福建某高校品牌形象塑造分析

下面以C高校代指福建某高校的名称。C高校是我国第一个具备颁发国家本科学历证书资质的私立大学，也是福建省第一个通过了我国教育部门对高校教学工作能力的评价考核的民办大学。该高校始终坚守"育人为本，德育为先"的教育观念，坚持正确的思想观念作为日常生活学习的引导，重视学生的德育建设以及多方面素质的培养。C高校的品牌塑造策略如下。

第一，特色品牌定位实现可持续发展。C高校的品牌定位就是为社会输送应用型人才，其人才面向的是国际市场。也就是说，从品牌塑造角度来讲，C高校在建校之初就已经为学校设定了一个十分完善的基本定位和发展思路，其紧抓社会发展需求和学生培养目标，坚持以社会、市场为导向，培养面向国际化市场的应用型人才。对于C高校来说，最值得一提的办学特色为推行了双语教学，关注计算机教学。大学内部的所有专业不但要依据教育部门要求的课程来开展教学活动，也要针对英语以及计算机等方面进行教学，并且聘任了很多外籍教授来进行教学。C高校也具有开放化、国际化的办学特色，其非常关注和国内以及西方国家一些知名高校进行协作以及交流，聘请一些知识功底深厚、拥有一级之长、科研能力高、责任心强的老师来任职[①]。

第二，以质量塑造品牌，以特色争地位。C高校要争办高水平应用型大学，从众多民办高校中脱颖而出，就必须坚持这一理念，走内涵建设之路。学校根据实际条件，集中办学资源，以审核评估的标准要求，重新进行专业建设和规划，果断实施专业调整与改造的"瘦身"计划，对原有的学科门类和专业进行大力调整。这一时期，学校加快了专业建设与改革步伐，通过加强校企合作、协同育人，转变单一主体的人才培养模式。比如，C高校的市场营销专业与北京某教育集团共建互联网营销与管理专业方向，双方共同协商制定产、学、研、用一体化的人才培养方案，构建以实践能力培养为核心的课程体系，打造线上线下混合的教学模式，建立产学研紧密结合的立体化实践教学体系，进一步提高市场营销专业应用型创新人才的培养质量。

第三，推进品牌创新，改善品牌理念与管理。学校品牌是品牌经济发展到一定阶段后出现的。C高校依据教育发展情况和动向，融合了学校发展的特征，确定了未来的发展走向以及目标，提出了具有特色化以及创新性的办学观念，进行品牌理念创新。从学校办学定位出发，坚持专业建设为地方经济社会发展服务的目标，加强基础，注重应用，优化结构，增强优势，协调发展，突出特色。强化大学质量意识，推动办学机制改革创新，密切与地方经济产业转型升级和社会事业发展的关系，优化学科专业结构，促进多学科交叉与融合。

---

①王成敏.应用型本科高校双语教学评价体系的构建[J].教育教学论坛，2019(33),227-228.

C高校通过创新驱动,创新人才培养模式,以学生为导向,使学生学习成效不断改善,人才培养质量持续提升;提高科学研究水平,增强社会服务能力,做好文化传承创新,逐步形成专业优势和特色;强化产教融合,学校与区域经济社会联系更加紧密,学科专业结构更趋合理;拓展对外合作交流新渠道,引进优质教育资源,提高国际化办学程度;迈出向应用型大学转型发展的坚实步伐,不断增强学校的核心竞争力和社会影响力。

第四节　湖南某高校品牌形象塑造分析

下面以D高校代指湖南某高校的名称。D高校由湖南中华职业教育社主办,是湖南省人民政府与中华职业教育社共建的公办高等职业学校。其以"至诚至公、精业乐业"为核心价值观,以"走个性化、多样性、开放式之路,育高素质、高技能型人才"为办学理念,以创建国内一流示范性学校为奋斗目标。

一、D高校品牌形象塑造实践

(一)及时转变教学理念

D高校根据高等职业教育的办学特点和规律以及经济社会发展的需要,提出了"实现两个根本转变,实行三个开放,培养两高人才"的办学思路,即实现从中等职业教育向高等职业教育转变,从学科型教育向技术型教育转变;实行向企业开放,向社会开放,向境外开放;培养高素质、高技能人才。经过几年的探索和实践,其明确了办学目标,统一了发展思路。

(二)整体策划学校形象

D高校以迎接人才培养水平评估为契机整体策划学校形象。

1.制定和规范校训、校风、办学理念等

为培育和提炼学校精神,激励全校师生员工,D高校制定和规范了校训、校风、办学理念等。该校升格前校训为"博学精业,成才报国",没有规范的校风和办学理念等,为此,重新制定了"至诚至公、精业乐业"的校训,明确了"认真、快捷、民主、和谐"的校风和"走个性化、多样性、开放式之路,育高素质、高技能型人才"的办学理念。此外,还确定了办学指导思想、办学定位、办学方向、办学目标等一系列纲领性的内容。

2.整体视觉形象设计

D高校成立了设计小组,组织该校艺术设计系的专业老师进行学校整体形象设计。一是重新设计了校徽,新校徽简练、生动、鲜明,具有强烈的视觉冲击力,表达出了学校办学方针和素质教育的精神内涵。二是确定了标准字体,学校的标准字体,即在任何情况下,学校名称出现所应用的专用字体,确定后的字体既美观又给人以信赖感。三是确定了标准色,标准色是用来象征并应用在所有的媒体上的指定色彩,是学校理念的象征。D高校确定以蓝色为标准色,体现出一种大气和沉稳。

二、D 高校品牌形象塑造对策

高校形象直接关系到高校在人才市场和社会公众中的知名度、认同度,关系到高校的生存和发展。任何一所大学如果没有自己的个性和特色,没有树立良好的社会形象,将最终被社会淘汰。大学的传统、校风、学风、风格、精神等,构成了它的总体形象。

(一)制定长期、系统的推广计划

形象推广要有系统性,在长期宣传过程中,宣传内容要丰富,有变化,切忌单调刻板。如广告的主题、形象、语言等要有适当的变化,以适应公众接受心理和审美需求。一些企业在报纸上采用系列形象广告方式,就是系统性广告的典型表现。比如IBM的一系列"解决问题之道"等。

对于D高校的整体形象推广来说,不应只是提高招生率的一种手段,其最终目的是树立学校良好的品牌形象,因此,要借鉴企业形象推广计划,制订不同阶段的推广计划,保持形象推广的延续性。

(二)多角度、多渠道地推广学校形象

D高校的形象包涵着很多方面的要素,经过形象策划,要通过周密、严谨、有序的系统工程,对学校的各方面进行全面彻底的设计,更新观念,规范行为,找出能代表学校形象的宣传点进行有目的的推广。不仅要能展现学校的硬件条件,更重要的是要能体现出学校的"软实力",通过让人易于接受的形式展现出学校的核心优势,使人一看到或听到它就能马上识别出这个学校,从而形成"说服力"和"感染力"。D高校的形

象推广也应充分利用各种宣传渠道,如以纸质宣传为主,附以平面形象广告以及电视广告宣传,扩大影响力度,结合户外及公关形象宣传,形成立体宣传效果,达成热点聚焦,密切与主流媒体的紧密合作关系,使用文章进行形象提升和信息发布工作[①]。

①杨海玉. 新媒体网络传播对高校的形象影响及应对策略研究[J]. 教育现代化,2018,5(21):173-174.

参考文献

[1] 鲍琳琳.新媒体环境下的品牌传播策略[J].传媒论坛,2019,2(14):168-169.

[2] 陈光.高校突发事件应对策略论[M].北京:光明日报出版社,2011.

[3] 陈哲夫,陈端吕,彭保发.地方高校人才培养模式的现状与发展审视[J].科学咨询(科技·管理),2019(09):24-25.

[4] 丁兴良.用科学的方式管理品牌[J].现代企业文化(上旬),2018(09):54-57.

[5] 杜晶.基于公共关系视角的高校形象管理研究[J].管理观察,2019(14):96-97.

[6] 范琳.论公共关系传播效果评估指标体系[J].市场研究,2013(05):41-43.

[7] 高芳芳.环境传播:媒介、公众与社会[M].杭州:浙江大学出版社,2016.

[8] 高颖.CIS在高校形象建设中的应用初探[J].文化创新比较研究,2019,3(23):91-92.

[9] 郭小刚,胡今.公益组织与慈善文化[M].沈阳:辽宁大学出版社,2016.

[10] 蒋小军,窦强.高校品牌塑造的公共关系传播模式[J].中国成人教育,2014(09):30-32.

[11] 李荣,曹丽萍.公共关系学[M].武汉:华中师范大学出版社,2017.

[12] 刘凤景,余娟,谢丽君.基于"互联网+"四维三化实训基地的校企合作模式探析[J].职业,2019(24):98-99.

[13] 马国燕.社会化媒体背景下的高校形象管理研究[D].武汉:武汉理工大学,2015.

[14] 荣晓华.公共关系学[M].沈阳:东北财经大学出版社,2018.

[15] 孙亚男.调查研究常用九大方法[J].新湘评论,2016(02):31-32.

[16] 谭新政,朱则荣,杨谨蜇.品牌总论[M].北京:知识产权出版社,2017.

[17] 王成敏.应用型本科高校双语教学评价体系的构建[J].教育教学论坛,2019(33):227-228.

[18] 吴慧源,侯莉敏.高校"双师型"师资队伍的教学评估机制完善[J].黑龙江高教研究,2019,37(07):116-119.

[19] 夏玮.构建高校校园文化品牌的路径探究[J].教书育人(高教论坛),2019(21):16-17.

[20] 许懿,闫旭.绿色建筑设计理念在校园建筑设计中的应用研究[J].绿色环保建材,2019(07):43+46.

[21] 颜鹏.品牌定位在市场营销战略中的地位分析[J].现代商贸工业,2019,40(08):38-40.

[22] 杨芳,高浩.新媒体时代高校公共关系管理与德育

融合度分析[J].南京航空航天大学学报(社会科学版),2016,
18(04):96-99.

[23]　杨海玉.新媒体网络传播对高校的形象影响及应对
策略研究[J].教育现代化,2018,5(21):173-174.

[24]　袁学敏,袁继敏.公共关系理论与应用[M].北京:北
京理工大学出版社,2018.

[25]　张宗伟.地方高校品牌的创建研究[M].南昌:江西人
民出版社,2014.

[26]　赵宏,关刘君.基于IFE和EFE矩阵的我国高等教育
可持续发展研究[J].现代教育管理,2016(09):87-92.

[27]　周鹍鹏.基于定位理论的品牌资产提升研究[M].北
京:中国经济出版社,2013.